Sebastian Au

Multisensorisches Marketing in der Lebensmittelbranche

Theoretische Grundlagen und Anwendungsbeispiele

Au, Sebastian: Multisensorisches Marketing in der Lebensmittelbranche: Theoretische Grundlagen und Anwendungsbeispiele, Hamburg, Igel Verlag RWS 2014

Buch-ISBN: 978-3-95485-207-9
PDF-eBook-ISBN: 978-3-95485-707-4
Druck/Herstellung: Igel Verlag RWS, Hamburg, 2014

Bibliografische Information der Deutschen Nationalbibliothek:
Die Deutsche Nationalbibliothek verzeichnet diese Publikation in der Deutschen Nationalbibliografie; detaillierte bibliografische Daten sind im Internet über http://dnb.d-nb.de abrufbar.

© Igel Verlag RWS, Imprint der Diplomica Verlag GmbH
Hermannstal 119k, 22119 Hamburg
http://www.diplomica.de, Hamburg 2014
Printed in Germany

Inhaltsverzeichnis

Abbildungsverzeichnis

Tabellenverzeichnis

Abkürzungsverzeichnis

ACC	Anterior Cortex Cingulate
AR	Augmented Reality
DS	Digital Signage
EEG	Elektroencephalographie
fMRT	funktionelle Magnetresonanztomographie
fTCD	functional Transcranial Doppler Sonography
GfK	Gesellschaft für Konsumforschung
HM	Handelsmarken
LEH	Lebensmitteleinzelhandel
MEG	Magnetencephalographie
PET	Positronenemissionstomographie
POS	Point of Sale

1 Einleitung

1.1 Problemstellung

Das Marketing vieler Unternehmen im Lebensmitteleinzelhandel (LEH) konzentriert sich bisher auf eine Kommunikation über Massenmedien. Diese sind technologisch jedoch nur in der Lage, den Konsumenten mono- oder duosensual über visuelle und akustische Reize anzusprechen.[1] Diese Fokussierung auf zwei Sinneskanäle und die zunehmende Menge an Werbebotschaften führen dazu, dass eine sinkende Anzahl an Informationen von den Konsumenten wahrgenommen wird. Aus diesem Grund fällt es Unternehmen immer schwerer, eine Bekanntheit für ihre Marken aufzubauen. In Verbindung mit einer stetig steigenden Menge ähnlich gestalteter Produkte hat dies zur Folge, dass nur noch ein geringer Anteil der Konsumenten einer Marke loyal gegenüber steht und Kaufentscheidungen häufig erst am Point of Sale (POS) getroffen werden.[2] Dort gelten die Konsumenten zudem als sehr preissensibel, weshalb ein intensiver Preiswettbewerb auf Herstellerseite stattfindet.[3] Niedrige Preise sind jedoch leicht zu imitieren und wirken sich negativ auf die Gewinnsituation der Unternehmen aus, weshalb neue Wege gefunden werden müssen, um sich von der Konkurrenz zu differenzieren und Konsumenten an ihre Marken zu binden.[4]

Über ein multisensorisches Marketing werden dem Konsumenten verschiedene Zugriffspunkte auf die Marke geboten, wodurch sich diese besser im Gedächtnis der Konsumenten verankert und eine enge, emotionale Beziehung aufgebaut werden kann. Eine solche Beziehung hat zudem den Vorteil, dass der Konsument die Marke als wertiger betrachtet und somit bereit ist, einen höheren Preis für ihre Produkte zu zahlen.[5] Dem stationären POS kommt in diesem Zusammenhang eine hohe Bedeutung zu. Dieser bietet, insbesondere im LEH, ein großes Potential für multisensorisches Marketing, da er über viele Kontaktpunkte mit den Konsumenten verfügt. Weiterhin sind diese in der Lage, jeden

---

[1] Vgl. Warmbier, W. (2008), S. 23.
[2] Vgl. Czech-Winkelmann, S. (2011), S. 319.
[3] Vgl. Zühlsdorf, A. ; Spiller, A. (2012), S. 11.
[4] Vgl. Salzmann, R. (2007), S. 1.
[5] Vgl. Lindstrom, M. (2010), S. 72.

der fünf Sinne des Menschen (Sehen, Hören, Riechen, Schmecken und Tasten) anzusprechen.[6]

1.2 Zielsetzung

Ausgehend von der dargestellten Problematik ist es das Hauptziel dieser Studie, die Vorteilhaftigkeit einer multisensorischen Kommunikation am POS für die Hersteller von Markenartikeln im LEH herauszuarbeiten. Der Leser erhält einen Einblick in die Wirkungsweisen sensorischer Stimuli und erfährt, mit welchen POS Maßnahmen Unternehmen die Sinne ihrer Konsumenten im LEH ansprechen können.

1.3 Aufbau des Buchs

Das vorliegende Buch ist in sieben Kapitel unterteilt. Im Anschluss an die Einleitung wird dem Leser zunächst ein Einblick in den deutschen LEH gegeben, um ein Verständnis für die aktuelle Situation für die Hersteller von Markenartikeln zu entwickeln. Dabei stehen insbesondere die zunehmende Bedeutung von Discountern und Handelsmarken sowie verschiedene Entwicklungstendenzen auf Konsumentenseite und ihre Auswirkungen auf Handels- und Herstelleraktivitäten im Mittelpunkt der Betrachtung. Kapitel 3 befasst sich mit den Themen Neuroökonomie und Konsumentenforschung. Von zentraler Bedeutung sind in diesem Zusammenhang die Erläuterung der Funktionen verschiedener Gehirnareale sowie die Darstellung der hohen Relevanz von Emotionen bei den Kaufentscheidungen der Konsumenten. Kapitel 4 stellt den Hauptbestandteil dieser Studie dar und befasst sich mit der multisensorischen Kommunikation am POS. Dazu werden zunächst die Begriffe „Multisensory Enhancement", „Superadditivität" und „Synästhesie" erläutert, bevor die Wahrnehmung sowie grundlegende Wirkungsweisen der einzelnen Sinnesreize und ihre Relevanz für das Marketing näher beleuchtet werden. Aufbauend darauf, werden für jeden Sinn zwei konkrete POS Maßnahmen vorgestellt und mit Beispielen und Studien veranschaulicht. Im Anschluss daran findet eine kritische Würdigung der Ansprache der einzelnen Sinne statt. Weiterhin werden rechtliche Rahmenbedingungen in

---

[6] Vgl. Salzmann, R. (2007), S. 28 f.

kurzer Form erläutert. Zudem wird die Vorteilhaftigkeit für den Handel übersicht-lich dargestellt. Technologische Entwicklungen sowie Beispiele verschiedener Branchen werden in den Kapiteln 5 und 6 angesprochen. Im abschließenden Schlussteil werden die Ergebnisse zusammengefasst und ein kurzer Ausblick gegeben.

2 Einblick in den deutschen Lebensmitteleinzelhandel

2.1 Struktur und Wettbewerb

Der Lebensmitteleinzelhandel handelt mit Waren des täglichen Bedarfs, wie z. B. Nahrungs- und Genussmittel, Kosmetikartikel und Tabakwaren. In Deutschland existieren zurzeit knapp 40.000 Filialen, woraus die zweithöchste Ladendichte je Millionen Einwohner im europäischen Vergleich resultiert.[7] Insgesamt erwirtschaftet der deutsche LEH einen Umsatz von etwa 226 Mrd. €. Mehr als 75 Prozent dieses Umsatzes entfällt dabei auf die fünf größten Handelsketten.[8]

Unternehmen	Umsatz in Mrd. €	Anteil Lebensmittel in %
Edeka-Gruppe (Edeka, Netto)	49,3	90,5
Rewe-Gruppe (Rewe, Penny)	36,8	71,3
Metro-Gruppe (Real, Metro)	30,4	37,3
Schwarz-Gruppe (Lidl, Kaufland)	29,7	81,1
Aldi-Gruppe (Aldi Süd, Aldi Nord)	25,5	82,0

Tab. 1: Top 5 Unternehmen im LEH
Quelle: In Anlehnung an Lebensmittelzeitung (Hrsg.), (2013).

Die Struktur des Marktes, welcher sich aus den Vertriebskanälen Supermärkte (z. B. Rewe, Edeka), SB-Warenhäuser (z. B. Real, Kaufland) und Discounter (z. B. Aldi, Lidl) zusammensetzt, hat sich in den letzten 10 Jahren stark verändert. Ursächlich dafür ist insbesondere ein starker Verdrängungswettbewerb, welcher sich in vielen Übernahmen, wie zum Beispiel der Übernahme von Plus Filialen durch die Edeka-Gruppe (Netto) sowie die Rewe-Gruppe (Penny) im Jahr 2007 und die damit einhergehende zunehmende Konzentration auf Handelsseite äußert.[9] Ein Faktor, welcher zu dieser hohen Wettbewerbsintensität führt, ist die Preissensibilität der Konsumenten. Die stagnierende bzw. abneh-

---

[7] Vgl. Lademann, R. P. (2013), S. 7 ff.
[8] Vgl. Lebensmittelzeitung (Hrsg.), (2013).
[9] Vgl. Haucap, J. et al. (2013), S. 2.

mende Bevölkerungszahl Deutschlands kommt als verstärkender, mengenmäßiger Faktor hinzu.[10]

Am meisten profitieren von dieser Situation die Discounter. Diese bieten traditionell ein flacheres und zugleich etwas schmaleres Sortiment an als Supermärkte und konzentrieren sich dabei ausschließlich auf schnelldrehende Produkte
und gelegentliche Aktionsware (z. B. Elektronikartikel).[11] Der Vorteil dieser Strategie liegt darin, dass Discounter mit einem niedrigeren Flächenbedarf als die
sogenannten Non-Discounter auskommen. Zudem sind die angebotenen Produkte wenig erklärungsbedürftig, wodurch es ihnen möglich ist, weniger Perso-
nal in den Märkten einzusetzen. Im Umkehrschluss führt diese Strategie zu einer niedrigen Kostenstruktur.[12] Folglich können Discounter auch mit Aktions-
preisen profitabel operieren, weshalb sie, trotz ihrer ohnehin starken Marktposi-
tion, kontinuierlich an Bedeutung gewinnen.[13] Supermärkte, auf der anderen
Seite, versuchen ihre Benachteiligung im Faktor Preis durch einen besseren
Service sowie durch ein höherwertiges Warensortiment und eine wohngebiets-
nahe Lage auszugleichen.[14]

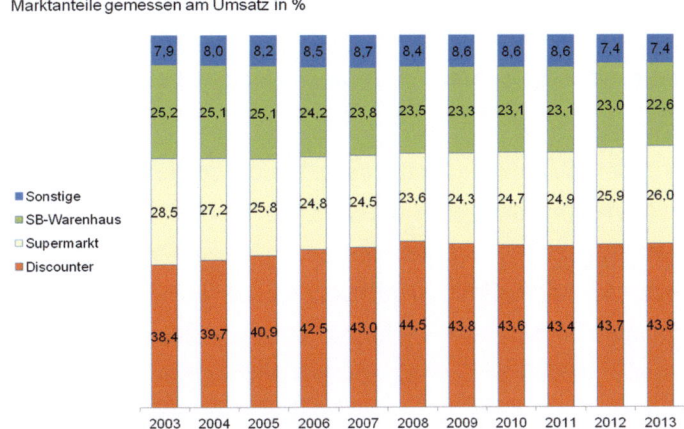

Abb. 1: Struktur des deutschen LEH
Quelle: Eigene Darstellung, Datenquelle: GfK SimIT.

---

[10] Vgl. Zühlsdorf, A. ; Spiller, A. (2012), S. 11.
[11] Vgl. Czech-Winkelmann, S. (2011), S. 78.
[12] Vgl. Lademann, R. P. (2013), S. 16.
[13] Vgl. GfK SimIT, (2014).
[14] Vgl. Lademann, R. P. (2013), S. 22.

Auch der Wettbewerb auf Herstellerseite wird maßgeblich von der Preissensibilität der Konsumenten beeinflusst. Verschärft wird die Situation durch die zunehmende Nachfragemacht einiger Handelsunternehmen sowie durch steigende Rohstoffpreise, welche vom Handel in der Regel nicht direkt an die Konsumenten weitergegeben werden. Aus diesen Gründen findet auf Herstellerseite ein intensiver Preiswettbewerb statt. Um sich davon zu lösen, bieten viele Unternehmen immer neue Produktvarianten an.[15] Diese unterscheiden sich häufig allerdings nicht vom bestehenden Leistungsangebot und bieten den Konsumenten keinen erkennbaren Mehrwert, weshalb viele Neueinführungen schnell scheitern.[16]

2.2 Ausbau von Handelsmarken

Als Handelsmarken (HM), oder auch Eigenmarken des Handels, werden markierte Waren definiert, welche sich im rechtlichen Eigentum eines Händlers befinden und ausschließlich von diesem in seinen Vertriebsstätten vertrieben werden.[17] Ihre Verbreitung resultiert aus der bis 1973 zulässigen Preisbindung der Händler an die Hersteller und sollte die Unabhängigkeit des Handels sicherstellen.[18] Nach Bruhn können drei Arten von Handelsmarken, je nach Ausgestaltung der Kriterien Preis, Qualität und Art der Markierung, voneinander unterschieden werden:

Gattungsmarken stellen die unterste Preisstufe im Warensortiment dar. In diese Kategorie fallen Standardprodukte, welche lediglich ein Mindestmaß an Qualität aufweisen und einfach gestaltet sind. Klassische Handelsmarken hingegen liegen qualitativ und von der äußeren Darbietung auf demselben Niveau wie Zweit- und Drittmarken. Lediglich im Preispunkt unterscheiden sie sich stark von diesen und stellen daher eine preiswerte sowie hochwertige Alternative für den Konsumenten dar. Premiummarken des Handels fungieren wiederum als Gegenpol zur Premiummarke der Hersteller. Sie sind gekennzeichnet durch eine hohe Produktqualität, einen überdurchschnittlichen Preis sowie eine auf-

---

[15] Vgl. Zühlsdorf, A. ; Spiller, A. (2012), S. 11; Berndt, M. (2011), S. 3.
[16] Vgl. Czech-Winkelmann, S. (2011), S. 320.
[17] Vgl. Bruhn, M. (2012), S. 545.
[18] Vgl. Lademann, R. P. (2013), S. 11.

wendige Gestaltung.[19] Produkte dieser Kategorie dienen insbesondere dazu, das Qualitätsimage der Verkaufsstelle zu unterstreichen und sollen weniger zur Erreichung mengenmäßiger Absatzziele beitragen.[20] Zudem sollen sie die Unabhängigkeit vom Markenhersteller weiter bekräftigen.[21] Die Differenzierung in drei verschiedene Typen von HM bedeutet jedoch nicht zwingend auch eine damit einhergehende „entweder-oder" Entscheidung des Handels in Bezug auf dessen Sortimentsgestaltung. Dies kann anhand des Beispiels Rewe gut verdeutlicht werden.

Abb. 2: Handelsmarkensortiment am Beispiel Rewe
Quelle: Eigene Darstellung, Datenquelle: Rewe.de.

Während Handelsmarken früher vor allem eine große Bedeutung für Discounter hatten, finden sie heutzutage zunehmend Verbreitung bei den Non-Discountern. Ausgelöst wird dies zum einen durch den dargestellten Kostennachteil der Non-Discounter gegenüber den Discountern. HM bieten den Non-Discountern in diesem Zuge die Möglichkeit ihre Sortimentstiefe zu reduzieren und somit Kostennachteile zu verringern.[22] Darüber hinaus hat die wachsende Relevanz von HM bei der Wahl der Einkaufsstätte zu ihrer steigenden Verbreitung bei den Non-Discountern geführt. Während im Jahr 2010 lediglich 33 Prozent der befragten Konsumenten einer deutschlandweiten Studie angaben, dass das HM-Angebot ein bedeutender Faktor für diese Wahl sei, waren es 2013 bereits 43 Prozent.[23]

---

[19] Vgl. Bruhn, M. (2012), S. 546.
[20] Vgl. Czech-Winkelmann, S. (2011), S. 98.
[21] Vgl. Lademann, R. P. (2013), S. 22.
[22] Vgl. Lademann, R. P. (2013), S. 17 f.
[23] Vgl. MetrixLab (2013), S. 4.

Diese Faktoren führen dazu, dass ihr Anteil am Gesamtabsatz im LEH weiterhin steigt. Allein zwischen 2007 und 2013 konnten HM ihren Marktanteil um 3,3 Prozent erhöhen und stehen nun für 37,3 Prozent des gesamten LEH Absatzes. Getrieben wurde diese Entwicklung vor allem von Premium-HM, aber auch Niedrigpreis-HM (Gattungs-, klassische HM) konnten ihren ohnehin hohen Anteil am Gesamtmarkt weiter ausbauen.[24]

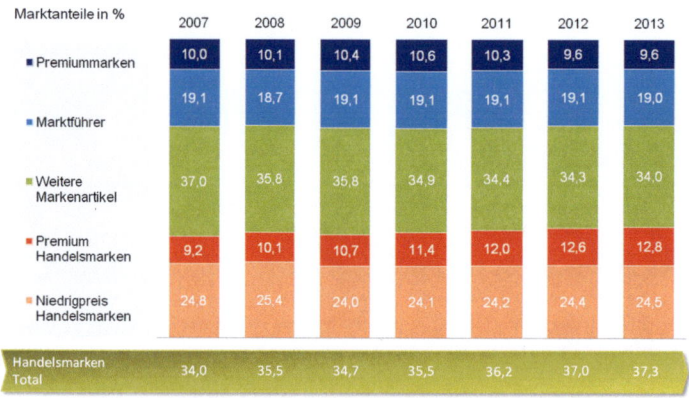

Abb. 3: Mengenmäßige Marktanteile verschiedener Markenformen
Quelle: GfK (Hrsg.), (2013, S. 25).

Die sehr positive Entwicklung der Premium-HM wird von diversen Faktoren ermöglicht. Zum einen beschränken sich die so markierten Produkte auf genussorientierte Kategorien, wie Süßwaren, Antipasti, Öle und Gewürze, zu welchen Konsumenten eine emotionale Bindung haben. Aufgrund dieser emotionalen Bindung sind sie bereit, bei hoher Produktqualität dementsprechende Preise zu zahlen.[25] Gleichzeitig steigen die Bekanntheit und das Vertrauen in diese Produkte, was unter anderem aus der regelmäßig guten Bewertung von Handelsmarken durch Stiftung Warentest resultiert.[26] Als weiterer Grund für die positive Entwicklung kann die Qualität der Optik solcher Produkte genannt werden. 66 Prozent der Befragten einer Studie im Auftrag der Lebensmittelzeitung gaben an, dass sie die Designs vieler HM als denen der Herstellermarken ebenbürtig

---

[24] Vgl. GfK (Hrsg.), (2013), S. 25.
[25] Vgl. Fassnacht, M. ; Köttschau, E. ; Wriedt, S. (2012), S. 579 f.
[26] Vgl. Bruhn, M. (2012), S. 545; Stiftung Warentest (Hrsg.), (2011), S. 25.

ansehen.[27] Niedrigpreis-HM wiederum können ihren hohen Anteil am Absatzmarkt vor allem aufgrund ihres Preisvorteils gegenüber Herstellermarken sowie ihrer einfachen Kennzeichnung und leicht auffindbaren Platzierung im Regal verteidigen. Vor allem letzteres ist von großer Bedeutung, da HM damit dem Wunsch der Konsumenten nach einer erhöhten Einkaufseffizienz entsprechen.[28]

Die Ausführungen zeigen, dass der deutsche Lebensmittelmarkt für Anbieter von Herstellermarken sehr komplex und kompetitiv ist. Durch den steigenden Anteil an Handelsmarken verringert sich nicht nur direkt der Absatz der Herstellermarken, sondern auch indirekt der Anteil an den Werbemaßnahmen des Handels. Zudem ergibt sich ein sinkendes allgemeines Preisniveau, an welches sich die Hersteller von Markenartikeln annähern müssen.[29]

2.3   Trends im deutschen LEH

Die Trends im deutschen LEH sind getrieben durch Veränderungen im Nachfrageverhalten der Konsumenten. Diese Veränderungen werden wiederum von vielfältigen Faktoren beeinflusst, zu welchen u. a. Zeitknappheit, Genuss und soziodemographische Entwicklungen sowie ein wachsendes Bewusstsein für gesundheitliche und ökologische Faktoren des Konsums zählen.[30] Fasst man die Verbrauchertrends zusammen, welche durch diese Faktoren ausgelöst werden, so können drei grundlegende Nachfragetendenzen festgehalten werden:

- Steigerung der Einkaufseffizienz (insb. Zeit und Kosten),
- Vorteilhaftigkeit der Produktwahl sowie
- Verbesserung des Einkaufserlebnisses.[31]

Darunter fallen wiederum Phänomene wie das One-Stop-Shopping[32] sowie das Variety-Seeking[33], welche dazu führen, dass die Anzahl der Shopping-Trips

---

[27] Vgl. MetrixLab (2013), S. 7.
[28] Vgl. Czech-Winkelmann, S. (2011), S. 101 ff.
[29] Vgl. Ebd., S. 106.
[30] Vgl. Zühlsdorf, A. ; Spiller, A. (2012), S. 5.
[31] Vgl. Gröppel-Klein, A. (2012), S. 650 ff.
[32] One-Stop-Shopping ist dadurch gekennzeichnet, dass Konsumenten versuchen möglichst alle ihre Besorgungen in einer Einkaufsstelle zu erledigen. (Vgl. Haucap, J. et al. (2013), S. 12).

kontinuierlich abnimmt und zugleich Kaufentscheidungen häufig erst am POS getroffen werden.[34]

Der Handel sowie die Industrie nehmen diese Entwicklungen auf und gestalten ihre Sortimente sowie ihren Markenauftritt dementsprechend. Im Handel äußert sich dies zunächst darin, dass Non-Discounter ihre Sortimentstiefe, bei gleich-bleibender Sortimentsbreite, zunehmend reduzieren und Markenartikel zum Teil durch Eigenmarken ersetzen. Dies soll dabei unterstützen, im Preiswettbewerb mit den Discountern mitzuhalten, während dem Konsumenten gleichzeitig die Möglichkeit des One-Stop-Shoppings geboten wird.[35] Zudem werden neue Handelskonzepte entwickelt, welche zur Zeiteffizienz des Einkaufs beitragen sollen. Ein Beispiel eines solchen Konzepts ist Rewe „To-Go". Auf kleiner Flä-che in Innenstadtlagen werden schwerpunktmäßig verzehrfertige und zugleich gesunde Lebensmittel verkauft, welche sich vor allem an Berufstätige richten, die in der Mittagspause bzw. nach der Arbeit schnell etwas zu sich nehmen wol-len.[36] Des Weiteren erhöhen einige Händler ihre Investitionen in die Gestaltung ihrer Verkaufsstellen sowie in die Entwicklung ihrer Marke, um sich über ver-besserte Einkaufserlebnisse von der Konkurrenz zu differenzieren.[37]

Hersteller von Markenartikeln, auf der anderen Seite, differenzieren ihr Pro-duktangebot immer weiter aus und bieten zunehmend Produkte mit vielfältigen Zusatznutzen an. Sie richten sich damit an die nach Abwechslung im Konsum suchenden Konsumenten, um darüber höhere Preisspielräume zu generieren.[38] Die wachsende Produktvielfalt sowie die Tatsache, dass Kaufentscheidungen immer häufiger erst am POS getroffen werden, führen zudem zu einer steigen-den Bedeutung des POS Marketings, mit welchem die Ziele verfolgt werden, die Listungswahrscheinlichkeit der Produkte zu erhöhen sowie den Abverkauf zu fördern.[39] Zudem statten die Hersteller ihre Produktverpackungen zunehmend

---

[33] Das Variety-Seeking bezeichnet ein Phänomen, bei dem auch zufriedene Kunden aktiv nach Abwechslung im Konsum suchen und das Produkt häufig wechseln. (Vgl. Hohl, N. A. D. ; Koch, A. (2013), S. 165 f.).
[34] Vgl. GfK (Hrsg.), (2013), S. 14; Czech-Winkelmann, S. (2011), S. 319.
[35] Vgl. Lademann, R. P. (2013), S. 17 f.
[36] Vgl. Crescenti, M. (2011).
[37] Vgl. Absatzwirtschaft.de (Hrsg.), (2013).
[38] Vgl. Zühlsdorf, A. ; Spiller, A. (2012), S. 11.
[39] Vgl. Gröppel-Klein, A. (2012), S. 646.

mit sogenannten „Clean-Labels" aus. Dies sind Etiketten, welche auf nicht vorhandene synthetische Inhaltsstoffe hinweisen (z. B. „ohne Zuckerzusatz", „ohne Konservierungsstoffe"), um die Natürlichkeit dieser Produkte hervorzuheben.[40]

---

[40] Vgl. Nitzko, S. ; Spiller, A. (2014), S. 318.

3 Grundlagen der Neuroökonomie und Konsumentenforschung

3.1 Neuroökonomie als interdisziplinäre Wissenschaft

Die Neuroökonomie ist ein relativ junges Forschungsgebiet, welches erst gegen Ende der 90er Jahre des letzten Jahrhunderts entstanden ist. Ziel dieser Disziplin ist es zunächst, klassische Konsum- und Entscheidungstheorien zu überprüfen. Dabei steht vor allem das Prinzip des homo oeconomicus im Fokus der Betrachtung.[41] Ausgehend von diesen betriebswirtschaftlichen Problemstellungen sollen Erkenntnisse und Methoden weiterer Wissenschaften bei der Problemlösung unterstützen. Die Neurowissenschaften liefern in diesem Zusammenhang Erkenntnisse über den Aufbau sowie die Funktionsweise des menschlichen Gehirns. Mit Hilfe ihrer Messverfahren können Aktivierungs- sowie Informationsverarbeitungsprozesse in diversen Entscheidungssituationen dargestellt und beschrieben werden. Verschiedene Verhaltenswissenschaften sollen anschließend dabei helfen, die ermittelten Befunde zu erklären und zu verallgemeinern. Die Kombination verschiedenster wissenschaftlicher Bereiche ermöglicht es abschließend, neurologische Erkenntnisse in die angewandte Betriebswirtschaft zu integrieren.[42]

3.2 Neurowissenschaftliche Messverfahren

Grundsätzlich sind zwei verschiedene Verfahrenstypen zur Messung von Gehirnaktivitäten zu unterscheiden. Zum einen existieren Methoden, welche die Veränderungen der elektrischen Ströme zwischen Neuronen feststellen und ihre Intensität messen. Hierunter fallen die Elektroenzephalografie (EEG) sowie die Magnetenzephalographie (MEG). Des Weiteren existieren Verfahren, mit denen es möglich ist, Veränderungen des Stoffwechsels zu analysieren. Zu diesen Verfahren gehören die Positronenemissionstomographie (PET), die funktionelle Magnetresonanztomographie (fMRT) sowie die funktionelle transkranielle Doppler-Sonographie (fTCD).[43] Für die neurowissenschaftlichen For-

---

[41] Vgl. Möllering, K. (2012).
[42] Vgl. Schilke, O. ; Reimann, M. (2007), S. 249.
[43] Vgl. Raab, G. ; Gernsheimer, O. ; Schindler, M. (2009), S. 179.

schungen im Marketingkontext sind insbesondere die bildgebenden Verfahren MEG und fMRT von hoher Bedeutung, weshalb diese im Folgenden näher betrachtet werden.[44]

Die MEG dient zur bildhaften Darstellung der magnetischen Gehirnaktivität, welche durch elektrische Vorgänge innerhalb aktivierter Neuronen hervorgerufen wird. Sie wird mit hochempfindlichen Sensoren gemessen, welche auch als SQUIDS bezeichnet werden. Bis zu 300 dieser Sensoren befinden sich in einem modernen MEG und umschließen den Kopf des Probanden in einer helmartigen Struktur. Der Vorteil dieses Messverfahrens liegt in der hohen zeitlichen Auflösung, wodurch es möglich ist, die neuronalen Reaktionen der Probanden auf spezifische Stimuli aufzuzeichnen. Nachteilig an diesem Verfahren ist jedoch die relativ geringe räumliche Auflösung, da lediglich die Aktivität auf der Oberfläche des Großhirns gemessen werden kann.[45]

Diese qualitative Einschränkung der Messung mit einem MEG kann durch die ergänzende Nutzung eines fMRT gelöst werden. Bei diesem Messverfahren liegt eine Testperson in einer Röhre, welche mit einem Bildschirm ausgestattet ist, auf welchem der Person Stimuli präsentiert werden. Die fMRT macht sich zu eigen, dass das Gehirn bei erhöhter Aktivität einen hohen regionalen Sauerstoffbedarf entwickelt. Eine erhöhte Konzentration roter Blutkörperchen deckt diesen Mehrbedarf ab, da diese einen höheren Sauerstoffgehalt haben als weiße Blutkörperchen.[46] Des Weiteren zeichnet sich sauerstoffreiches Blut durch eine andere magnetische Eigenschaft aus als sauerstoffarmes Blut. Dies führt in der Folge zu magnetischen Schwankungen bei erhöhter Aktivität einzelner Gehirnareale, welche mit Hilfe starker Magnetfelder im fMRT aufgezeichnet werden können. Innerhalb relativ kurzer Zeit werden mehrere Schnitte vom Gehirn erstellt und zu einem Bild zusammengefasst. Die unterschiedliche Helligkeit von aktivierten und nicht-aktivierten Hirnregionen macht es abschließend möglich, aktivierte Areale genau zu lokalisieren.[47] Von Nachteil sind jedoch die sehr hohen Anschaffungskosten der Apparatur sowie die hohen Durchführungskos-

---

[44] Vgl. Häusel, H. G. (2014), S. 231.
[45] Vgl. Ebd., S. 241 f.
[46] Vgl. Raab, G. ; Gernsheimer, O. ; Schindler, M. (2009), S. 188.
[47] Vgl. Stoll, M. et al. (2008), S. 35.

ten. Zudem sind die Ergebnisse eines Tests nur schwer zu interpretieren, da es dazu neurologischer und psychologischer Vorkenntnisse bedarf, was auf die Notwendigkeit einer interdisziplinären Zusammenarbeit hinweist.[48]

3.3   Bereiche des Gehirns und ihre Funktionen

Die Struktur des menschlichen Gehirns zeichnet sich durch eine hohe Komplexität aus, da die einzelnen Bereiche eng miteinander verknüpft sind und ihre Funktionen daher nicht scharf voneinander getrennt werden können. Um eine verständliche und übersichtliche Darstellung zu ermöglichen, sollen im Folgenden die Hauptbestandteile der drei übergeordneten Areale des Gehirns, nach dem Schichtenmodell von MacLean, in einer vereinfachten Form präsentiert werden.[49]

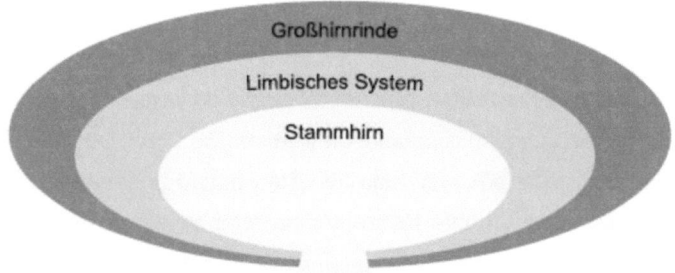

Abb. 4: Schichtenmodell des Gehirns nach MacLean
Quelle: Peters, T. ; Ghadiri, A. (2013, S. 27).

3.3.1   Stammhirn

Das Stammhirn ist der unterste Gehirnabschnitt und zugleich der evolutionär älteste Bereich des Hirns. Es setzt sich zusammen aus verlängertem Rückenmark, Kleinhirn, Hinterhirn, Mittelhirn und Zwischenhirn. Eingehende Signale der Sinnesorgane sowie ausgehende motorische Informationen werden hier

---

[48] Vgl. Felix, C. (2008), S. 53.
[49] Vgl. Peters, T. ; Ghadiri, A. (2013), S. 27.

verarbeitet. Darüber hinaus werden von diesem die Vitalfunktionen des Körpers (z. B. Herzschlag, Atmung, Stoffwechsel) sowie Reflexe koordiniert.[50]

Im Zwischenhirn befinden sich Thalamus sowie Hypothalamus, welche die bedeutendsten Areale des Stammhirns darstellen. Ersterer besteht aus neun Kernen, welche unterschiedliche Funktionen haben. Er empfängt Informationen aus den Sinnesorganen und verknüpft diese mit Informationen des zentralen Nervensystems. Mit Ausnahme der Geruchsinformationen werden die eingehenden Informationen der Sinnesorgane vom Thalamus gefiltert und sortiert und anschließend an verschiedene kortikale sowie subkortikale Regionen weitergeleitet. Es lässt sich daher folgern, dass der Thalamus unser Bewusstsein steuert.[51] Der Hypothalamus liegt unterhalb des Thalamus und ist über seine Verbindung mit der Hypophyse, welche er zur Ausschüttung von Hormonen anregt, an der Regulierung des Hormonhaushalts beteiligt. Er kann daher als Schnittstelle zwischen Nervensystem und Hormonsystem betrachtet werden, welche beide einen großen Einfluss auf unbewusste Körperfunktionen haben (z. B. Hunger, Durst, Blutdruck und Körpertemperatur). Darüber hinaus ist er über den sogenannten Papez-Kreis mit dem limbischen System verbunden. Der Hypothalamus wird daher mit der Erzeugung wesentlicher körperlicher Reaktionen, als Antwort auf emotionale Zustände, in Verbindung gesetzt.[52]

3.3.2 Limbisches System

Das limbische System setzt sich aus subkortikalen Strukturen am Übergang vom Stammhirn zur Großhirnrinde zusammen.[53] Diese Strukturen sind zuständig für die Steuerung unserer Emotionen sowie für die Kontrolle unseres motivationalen Verhaltens. Zudem lenken sie unsere Aufmerksamkeit und tragen so zu Lernprozessen sowie zur Speicherung von Informationen bei.[54] Für das vorliegende Buch ist ein Verständnis der folgenden Bestandteile des limbischen Systems von Bedeutung:

---

[50] Vgl. Ebd., S. 28; Bartels, F. (2012), S. 82.
[51] Vgl. Raab, G. ; Gernsheimer, O. ; Schindler, M. (2009), S. 101 f.
[52] Vgl. Reisyan, G. D. (2013), S. 149; Beck, H. (2013), S. 24; Peters, T. ; Ghadiri, A. (2013), S. 28.
[53] Vgl. Derouiche, A. (2011), S. 36.
[54] Vgl. Raab, G. ; Gernsheimer, O. ; Schindler, M. (2009), S. 170.

Der Hippocampus ist zuständig für die räumliche Orientierung und gilt als Organisator für das deklarative Gedächtnis, dessen Inhalte an verschiedenen Orten der Großhirnrinde gespeichert werden. Im Hippocampus selbst werden jedoch keine Informationen gespeichert.[55] Zudem ist er für den Abgleich eintreffender sensorischer Informationen mit bereits vorliegendem Wissen zuständig, verknüpft diese mit einer emotionalen Bedeutung und leitet sie zur Speicherung an verschiedene Bereiche der Großhirnrinde weiter. Darüber hinaus ist er auch am Abruf dieser Informationen beteiligt.[56]

Die Amygdala liegt an der Spitze des Hippocampus. Sie ist maßgeblich an der emotionalen Bewertung und Speicherung eingehender Informationen beteiligt. Dabei gilt, dass eine hohe Aktivierung der Amygdala zu einer intensiveren Speicherung führt.[57] Besonders Emotionen wie Angst und Ekel, aber auch positive Erregungen wie sie bei Sex und Sport ausgelöst werden, lösen ein hohes Aktivierungsniveau aus.[58] Über ihre direkte Verbindung zum vegetativen Nervensystem führt eine Aktivierung wiederum zu physiologischen Körperreaktionen (z. B. beschleunigte Atmung, erhöhter Puls).[59]

Der Nucleus Accumbens wird als Gegenspieler zur Amygdala verstanden. Er ist zentraler Bestandteil des mesolimbischen Systems, welches allgemein als Belohnungszentrum des Menschen verstanden wird. Eine Aktivierung dieses Areals führt zur Ausschüttung von Dopamin, welches die Aufmerksamkeit des Menschen erhöht sowie bewusste Handlungsabsichten emotional verstärkt. Zudem kann eine regelmäßige Aktivierung mit einem spezifischen Reiz zur Entstehung von habitualisiertem Verhalten sowie zu Suchtempfindungen führen.[60] Darüber hinaus wird die Ausschüttung von Oxytocin durch diesen Bereich reguliert. Dieser Neurotransmitter ist wiederum für den Aufbau eines Vertrauensverhältnisses von größter Bedeutung.[61]

---

[55] Vgl. Ebd., S. 167.
[56] Vgl. Derouiche, A. (2011), S. 36; Häusel, H. G. (2014), S. 252.
[57] Vgl. Reisyan, G. D. (2013), S. 148 f.
[58] Vgl. Ebd., S. 185.
[59] Vgl. Raab, G. ; Gernsheimer, O. ; Schindler, M. (2009), S. 175.
[60] Vgl. Derouiche, A. (2011), S. 36.
[61] Vgl. Reisyan, G. D. (2013), S. 186 f.

Abschließend sei noch der Gyrus cinguli genannt, welcher an der Innenseite des Großhirns liegt und somit eigentlich diesem zuzuordnen ist. Sein vorderer Teil (Gyrus cinguli anterior oder auch ACC) hat jedoch enge Verknüpfungen zum limbischen System, weshalb es Sinn macht, ihn im Zusammenhang mit diesem zu betrachten. Aufgrund seiner Lage hat der ACC eine bedeutende Rolle für die Entstehung von Aufmerksamkeit. Darüber hinaus wirkt er sich mäßigend auf die Amygdala sowie das mesolimbische System aus und trägt so zur Impuls- und Fehlerkontrolle bei. Zudem gehört die Antizipation möglicher Handlungsfolgen zu seinen Aufgaben.[62]

3.3.3 Großhirnrinde

Die Großhirnrinde ist die jüngste Struktur im Gehirn. Sie wird in zwei Hemisphären mit insgesamt vier Bereichen (sog. Lappen) unterteilt, welchen jeweils unterschiedliche Funktionen zugeordnet werden. Die Hemisphären sind wiederum über eine Faserstruktur (Corpus Callosum) miteinander verbunden.[63]

Im hinteren Bereich des Gehirns befindet sich der Okzipitallappen, welcher für die Verarbeitung visueller Informationen zuständig ist. An den Seiten liegt der Temporallappen, welcher das sogenannte Wernicke-Areal beherbergt. Dieses ist für die Interpretation akustischer Signale, also das Hören, zuständig. Der Parietallappen liegt im oberen Teil des Gehirns und beherbergt die Somatosensorik[64] (u. a. den Tastsinn). Direkt über den Augen liegt der Frontallappen, welcher sich durch diverse Funktionen kennzeichnet. Er wird unter anderem bei der aktiven Planung von Verhalten sowie bei der Steuerung des Bewegungsapparats tätig. Zudem liegt in diesem Bereich das Broca-Areal, welches für die Formulierung von Sprache zuständig ist.[65] Darüber hinaus werden Geschmacks- und Geruchsinformationen im Frontallappen verarbeitet.[66]

---

[62] Vgl. Raab, G. ; Gernsheimer, O. ; Schindler, M. (2009), S. 177; Peters, T. ; Ghadiri, A. (2013), S. 29.
[63] Vgl. Rothgangel, S. (2010), S. 53.
[64] Die Somatosensorik umfasst alle Sinnesmodalitäten, welche ihren Ursprung in der Haut, den Skelettmuskeln und in den Gelenken haben. Dazu gehören der Tastsinn der Haut, die Tiefensensibilität sowie der Temperatursinn des Körpers. (Vgl. Birbaumer, N. ; Schmidt, R. F. (2006), S. 339).
[65] Vgl. Peters, T. ; Ghadiri, A. (2013), S. 30; Derouiche, A. (2011), S. 28 ff.
[66] Vgl. Lindstrom, M. (2014), S. 191.

3.4 Erkenntnisse aus der Konsumentenforschung

3.4.1 Arten von Kaufentscheidungen

Zur Erklärung des menschlichen Entscheidungsverhaltens stehen sich zurzeit zwei wissenschaftliche Ansätze gegenüber. Auf der einen Seite steht die klassische Entscheidungstheorie (behavioristische Theorie), welche sich ausschließlich mit beobachtbaren Reaktionen der Konsumenten auf bestimmte Stimuli befasst. Dabei werden jedoch nicht-beobachtbare affektive (Emotionen, Motivationen und Einstellungen) sowie informationsverarbeitende Prozesse des Menschen außer Acht gelassen. Mit solchen befasst sich wiederum die kognitivistische Entscheidungstheorie und wird daher auch als „echtes Verhaltensmodel" bezeichnet.[67] Die vier Kaufentscheidungsarten dieses letzten Models werden im Folgenden betrachtet.

Extensive Kaufentscheidungen sind durch den höchsten Informationsbedarf sowie die längste Entscheidungszeit gekennzeichnet. Sie treten insbesondere in solchen Situationen auf, in denen der Konsument ein subjektiv hohes Kaufrisiko sieht. Dieses wird verstärkt dann wahrgenommen, wenn das Produkt mit einem hohen Kaufpreis verbunden ist oder es sich um eine neuartige Entscheidung handelt. Trotz diesem kognitiven Schwerpunkt sind auch affektive Prozesse an dieser Entscheidungsart beteiligt. Sie treiben den Entscheidungsprozess voran und sind bei der Festlegung eines Anspruchsniveaus maßgeblich beteiligt.[68]

Mit einem etwas abgeschwächten Informationsbedarf verbunden sind limitierte Kaufentscheidungen. Der Konsument kann in solchen Situationen auf vorhandenes Wissen aus eigenen Erfahrungen zurückgreifen und verfügt daher bereits über ein bestimmtes Anspruchsniveau. In der Regel werden lediglich einige wenige Produktalternativen aus einem sogenannten „evoked-set" bei der Entscheidung berücksichtigt und miteinander verglichen. Die aktive Informationssuche konzentriert sich daher lediglich auf solche Informationen, welche

---

[67] Vgl. Meffert, H. ; Burmann, C. ; Kirchgeorg, M. (2012), S. 103 f.
[68] Vgl. Kröber-Riel, W. ; Gröppel-Klein, A. (2013), S. 470 f.

18

einen Beitrag zur Evaluierung der bevorzugten Alternativen leisten. Die abschließende Kaufentscheidung findet häufig erst am POS statt.[69]

Während extensive und limitierte Kaufentscheidungen eine aktive Informationssuche und Verarbeitung voraussetzen, werden habitualisierte Kaufentscheidungen größtenteils gewohnheitsmäßig ausgeführt.[70] Dieses Verhalten tritt insbesondere im Zusammenhang mit Käufen von niedrigpreisigen Gütern des täglichen Bedarfs auf (insb. Lebensmittel) und entsteht durch die häufige Wiederholung einer Kaufhandlung im Zusammenhang mit einem bestimmten Bedürfnis.[71] Werden dabei keine kognitiven Dissonanzen ausgelöst, so kommt es zu einer Festigung dieses Verhaltens, was dazu führt, dass mögliche Lösungsalternativen nicht berücksichtigt werden und der Konsument der gewählten Marke treu bleibt. Dies hat wiederum zur Folge, dass der Prozess der Informationsaufnahme und -Verarbeitung ausgelassen und die Entscheidung mehr oder minder automatisch gefällt wird.[72]

Als vierte und letzte Art der Kaufentscheidung ist der Impulskauf zu nennen, welcher auch als ungeplanter Kauf charakterisiert wird. Er zeichnet sich durch eine hohe emotionale Aktivierung mit geringer kognitiver Steuerung aus und wird insbesondere durch verkaufsfördernde Aktivitäten am POS sowie durch eine ansprechende Gestaltung der Produktplatzierung beeinflusst. Man geht davon aus, dass so etwa 10-20 Prozent unserer Konsumentscheidungen gelenkt werden. Aufgrund von Effekten wie dem bereits dargestellten Variety-Seeking (Vgl. Kap. 2.3) sowie der zunehmenden Menge undifferenzierter Produkte kann jedoch davon ausgegangen werden, dass die Relevanz impulsiven Kaufverhaltens, insbesondere im Lebensmittelmarkt, weiter zunehmen wird.[73]

---

[69] Vgl. Weise, C. (2008), S. 56.
[70] Vgl. Solomon, M. R. (2013), S. 306.
[71] Vgl. Kröber-Riel, W. ; Gröppel-Klein, A. (2013), S. 485.
[72] Vgl. Weise, C. (2008), S. 56 f.
[73] Vgl. Kröber-Riel, W. ; Gröppel-Klein, A. (2013), S. 492 ff.; Czech-Winkelmann, S. (2011), S. 319 f.

3.4.2 Relevanz von Emotionen bei der Kaufentscheidung

Emotionen werden definiert als temporäre, mehr oder minder starke innere Erregungszustände des Menschen, welche durch externe Reize sowie durch neuronale Vorgänge ausgelöst werden.[74] Sie werden vom Menschen zum größten Teil[75] subjektiv bewertet und erhalten dadurch eine positive oder negative Färbung. Folglich setzen sich Emotionen nicht, wie häufig vermutet, ausschließlich aus affektiven Komponenten zusammen, sondern zudem auch aus kognitiven und können daher auch bewusst empfunden werden.[76] Darüber hinaus bilden sie die Grundlage unserer Motivationen und somit auch unserer Einstellungen und gelten daher als grundlegender Antrieb menschlichen Verhaltens.[77]

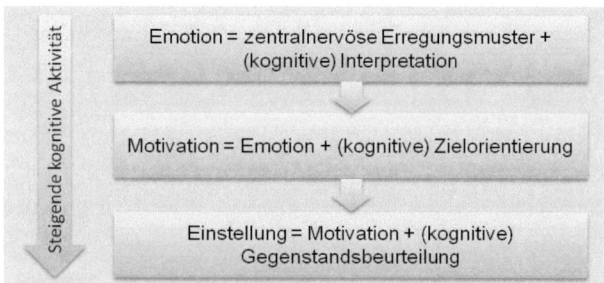

Abb. 5: Entstehung und Abfolge von Emotion, Motivation und Einstellung
Quelle: In Anlehnung an Kröber-Riel, W. ; Gröppel-Klein, A. (2013, S. 59).

Aus den dargestellten Zusammenhängen zwischen Emotion, Motivation und Einstellung kann geschlussfolgert werden, dass Emotionen in allen drei übergeordneten Phasen des Kaufprozesses (Vorkaufphase, Kaufsituation und Nachkaufphase) Eingang erhalten. Es ist daher verständlich, dass die Relevanz von Emotionen im Marketing traditionell hoch ist.[78]

Die Erkenntnisse der Hirnforschung bestätigen den hohen Einfluss von Emotionen auf das menschliche Entscheidungsverhalten. Forschungsergebnisse zei-

---

[74] Vgl. Trommsdorff, V. (2009), S. 58 f.
[75] Die Eingrenzung der subjektiven Empfindung von Emotionen auf einen Teil ist sinnvoll, da bestimmte affektive Reize (sog. Schlüsselreize) biologisch vorprogrammierte Empfindungen auslösen. (Vgl. Kröber-Riel, W. ; Gröppel-Klein, A. (2013), S. 81).
[76] Vgl. Meffert, H. ; Burmann, C. ; Kirchgeorg, M. (2012), S. 113 f.
[77] Vgl. Kröber-Riel, W. ; Gröppel-Klein, A. (2013), S. 59.
[78] Vgl. Schlegl, S. (2011), S. 35.

gen, dass lediglich 0,000004 Prozent aller eingehenden Informationen vom Gehirn bewusst verarbeitet werden. Gleichzeitig ist bekannt, dass emotionale Erfahrungen auch ohne Bewusstsein gespeichert und hervorgerufen werden können und somit eine unbewusste Reaktion des Menschen auslösen können. Man leitet daraus ab, dass 70-80 Prozent der Kaufentscheidungen unbewusst von Emotionen beeinflusst werden.[79] Das Bewusstsein wird wiederum dann aktiv, wenn:

- die Situation unbekannt ist oder
- sich durch eine hohe Komplexität kennzeichnet oder aber
- wenn sie für den Entscheidenden eine hohe Relevanz hat.[80]

Darüber hinaus wird das Bewusstsein aktiviert, wenn es sich um intellektuelle Probleme handelt oder wenn Entscheidungskonflikte (sog. Dissonanzen) auftreten. Bei allen oben genannten bewussten Entscheidungssituationen wird das limbische System aktiv und greift auf emotionale Erfahrungen und Entscheidungsvorschläge zurück, welche im Gedächtnis des Konsumenten gespeichert sind.[81]

Als Rationalität in der Kaufentscheidung wird daher heute die Vermeidung von bestrafenden Emotionen (Geldverlust) bei gleichzeitiger Erhöhung belohnender Emotionen (Bedürfnisbefriedigung) verstanden, mit dem Ziel ein möglichst hohes Belohnungsniveau zu erreichen.[82] Neurowissenschaftlich fundieren konnten dies die Studien von Knutson et al. (2008) und Deppe et al. (2005). Die Forschungsgruppe um Knutson kam in ihrem Test[83] zu dem Ergebnis, dass bei Kaufentscheidungen Gehirnareale aktiviert werden, welche für belohnende Emotionen stehen (Nucleus Accumbens) und solche, welche für Schmerzempfindungen stehen (Insula). Darüber hinaus fanden sie heraus, dass die Impulse

---

[79] Hinweis: In der Ausgangsquelle wurde der Prozentwert fehlerhaft berechnet. Pro Sekunde werden etwa 11 Millionen Bit Informationen an das Gehirn gesendet. Man schätzt, dass lediglich 40 Bit/ Sekunde bewusst werden. (Wert Ausgangsquelle: 0,00004 Prozent). (Vgl. Häusel, H. G. (2012), S. 86 ff.).
[80] Vgl. Raab, G. ; Gernsheimer, O. ; Schindler, M. (2009), S. 160.
[81] Vgl. Häusel, H. G. (2012), S. 101.
[82] Vgl. Ebd., S. 77.
[83] Die Studie von Knutson et al. befasste sich mit echten Kaufentscheidungen, welche sie mit 26 Probanden unter Nutzung eines sogenannten „Shop-Tasks" durchführten. Dieser bestand aus 3 Phasen, in welchen die Probanden Kaufentscheidungen für 80 Produkte treffen sollten. Als Messverfahren diente ein fMRT. (Vgl. Kenning, P. (2014), S. 30).

dieser beiden Areale in einem Bereich des Frontallappens verarbeitet werden, welcher für die Selbstkontrolle des Menschen verantwortlich ist (ventromedialer präfrontaler Cortex). Die Ergebnisse von Deppe et al. geben wiederum Grund zur Annahme, dass der ACC moderierend auf den Entscheidungsprozess einwirkt und situative Einflussfaktoren (z. B. Referenzpreise) in diesen integriert. Die nachfolgende Abbildung stellt das hieraus entwickelte Modell dar.[84]

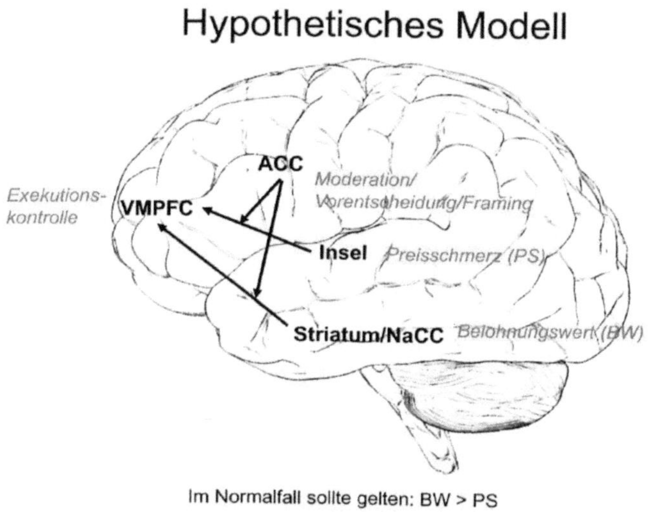

Hypothetisches Modell

Im Normalfall sollte gelten: BW > PS

Abb. 6: Neurale Mechanismen der Kaufentscheidung
Quelle: Kenning, P. (2014, S. 31).

Bekannt ist zudem, dass starke Marken andere Gehirnareale aktivieren als schwache und unbekannte Marken. Festgestellt wurde dies im Rahmen einer Studie, welche von der Justus-Liebig-Universität aus Gießen gemeinsam mit der life&brain GmbH aus Bonn mittels fMRT durchgeführt wurde. Sie stellten fest, dass starke Marken eine Aktivität in Regionen auslösen, welche mit der Entstehung positiver Emotionen verbunden sind. Schwache und unbekannte Marken lösen hingegen eine Aktivierung in Arealen aus, welche für die Entstehung negativer Emotionen zuständig sind. Ferner zeigen die Ergebnisse dieser Studie, dass sich schwache und unbekannte Marken lediglich in dem Punkt unterscheiden, dass schwache Marken zusätzlich, wie auch starke Marken, Ge-

---

[84] Vgl. Ebd., S. 30 f.

hirnareale aktivieren, welche für den Wissensabruf zuständig sind. Dies verdeutlicht wiederum die hohe Relevanz von Emotionen für den Aufbau starker Marken und somit für die Entstehung von Markenpräferenzen.[85] Darüber hinaus kann aus diesem Ergebnis abgeleitet werden, dass starke Marken höhere Preise erzielen können, da sie zu einer höheren Belohnung führen als schwache Marken.[86]

Wie stark Emotionen auf die Präferenzbildung und somit auf die Kaufentscheidungen einwirken, soll abschließend anhand des bekannten „Pepsi-Tests" veranschaulicht werden. In einer ersten Blindverkostung gaben die Probanden an, dass ihnen Pepsi-Cola besser gefalle als Coca-Cola. In einem zweiten Test wussten sie, welche Marken sich jeweils hinter den Produkten befanden und gaben nun vermehrt Coca-Cola an. Gehirnscans, welche gleichzeitig durchgeführt wurden, zeigten die Ursache. Während bei der Blindverkostung Pepsi-Cola die größten neuronalen Aktivitäten im Belohnungszentrum auslöste, war es beim zweiten Durchlauf Coca-Cola. Darüber hinaus wurde in diesem zweiten Durchlauf ein weiteres Gehirnareal aktiviert, welches für das „Selbstbild" des Menschen bedeutend ist. Es kann gefolgert werden, dass der Geschmack, als bewusst wahrgenommenes Produktmerkmal, dem emotionalen Markenempfinden sowie dem Selbstwertgefühl des Menschen untergeordnet ist.[87]

---

[85] Vgl. Esch, F. R. ; Möll, T. (2009), S. 24.
[86] Vgl. Kenning, P. (2014), S. 32.
[87] Vgl. Heigl, C. (2010), S. 82.

4 Sensorik am POS

4.1 Zusammenspiel der Sinne

Der Wahrnehmungsprozess der einzelnen sensorischen Reize findet in einem dreistufigen Prozess statt. In einem ersten Schritt werden Informationen in Form von Sinnesreizen von den jeweiligen Sinnesorganen aufgenommen sowie verstärkt und kodiert (Rezeption). Anschließend werden sie an nachgeschaltete Neuronen weitergeleitet, welche durch diese aktiviert werden (Transmission). Abschließend werden die Informationen an das Gehirn gesendet, wo sie verarbeitet und beantwortet werden (Perzeption). Dabei findet eine Verknüpfung der eingehenden Informationen mit bereits vorhandenen Daten sowie mit Erfahrungen und Erwartungen statt.[88] Die eingehenden Informationen werden jedoch nicht von jedem Menschen gleich verarbeitet. Sie können nicht nur passiv aufgenommen werden, sondern auch aktiv und erhalten dadurch eine subjektive Färbung. Zudem werden die Informationen nach individuellen Kriterien selektiert, um aus der großen Menge eintreffender Sinnesreize bedeutende Informationen auszuwählen.[89] Ein sensueller Gesamteindruck verschiedener Sinnesreize entsteht abschließend durch die Verknüpfung und Bewertung der einzelnen Sinnesinformationen.[90]

Haben gleichzeitig dargebotene Reize verschiedener Sinnesmodalitäten die gleiche Bedeutung, führt dies zu einer Erhöhung der neuronalen Aktivitäten und somit zu einer verstärkten Wirkung der Reize. Dieser Effekt wird als „Multisensory Enhancement" bezeichnet. Er wird von Stimuli ausgelöst, welche in zeitlicher und in räumlicher Hinsicht eindeutig miteinander verknüpft sind sowie inhaltlich zusammenpassen. Die Wirkung dieses Effekts kann dabei so stark sein, dass die Intensität der neuronalen Aktivitäten im Gehirn des Rezipienten um das Zehnfache zunimmt (Superadditivität). Passen die Reize jedoch nicht zusammen, kann dies zu einer Fehlinterpretation der Informationen führen (z. B. McGurk-Effekt[91]), wodurch der Effekt der Superadditivität ausbleibt.[92] Welche

---

[88] Vgl. Springer, C. (2008), S. 88 f.
[89] Vgl. Kröber-Riel, W. ; Gröppel-Klein, A. (2013), S. 363 f.
[90] Vgl. Steiner, P. (2011), S. 46.
[91] Der McGurk-Effekt beschreibt ein Phänomen, bei dem optische Reize die akustische Wahrnehmung beeinflussen. Probanden wurde ein Video vorgespielt, in welchem eine Person zu

Gehirnareale an der Verbindung der Reize verschiedener Sinnesmodalitäten beteiligt sind, ist wiederum noch nicht hinreichend geklärt. Einige Studienergebnisse zeigen jedoch eine erhöhte Aktivierung des Hippocampus bei gleichzeitig dargebotenen Reizen.[93] Dieser hat wiederum, wie in Kapitel 3.3.2 dargestellt, eine hohe Relevanz für die Übertragung von Informationen in das Langzeitgedächtnis.

Von dem Effekt der Superadditivität ist der Begriff der Synästhesie abzugrenzen. Dieser beschreibt ein Phänomen, bei dem die Stimulation eines Sinnes, Einfluss auf die Wahrnehmung einer weiteren Modalität haben kann („unechte" Synästhesie) bzw. Empfindungen anderer Sinnesmodalitäten auslöst („echte" Synästhesie). Während der erste Fall der gegenseitigen Einflussnahme monosensualer Reize häufig beobachtbar und wissenschaftlich belegt ist, tritt die Auslösung einer konkreten Empfindung weiterer Modalitäten nur in sehr seltenen Fällen auf.[94] Bekannt sind unechte Synästhesien unter anderem im Zusammenhang mit visuellen und haptischen Reizen.[95]

4.2 Geruch und Geschmack als produktimmanente Reize

4.2.1 Wahrnehmung und Wirkung für den Konsumenten

Der Geruchssinn ist unser ältester sowie einer unserer stärksten Sinne. Menschen können mehr als 10.000 Düfte voneinander unterschieden und erinnern.[96] Gerüche werden über die Nase aufgenommen und sind bereits über große Distanzen wahrnehmbar. In der Nasenhöhle, welche bis auf die Nasenöffnung mit einer Schleimhaut bedeckt ist, befinden sich etwa 1.000 verschiedene Arten von Geruchsrezeptoren, von denen je etwa 10.000 Stück existieren.[97] Diese Sinneszellen sind jeweils für die Aufnahme spezifischer Duftstoffmoleküle zuständig. Binden sich diese Moleküle an die passenden Zellen, wer-

---

sehen und zu hören war. Diese formte mit ihren Lippen den Laut „ga". Abgespielt wurde jedoch „ba". Die Probanden gaben an, den Laut „da" gehört zu haben. (Vgl. Salzmann, R. (2007), S. 85).
[92] Vgl. Müller, J. (2012), S. 125 f.
[93] Vgl. Rempel, J. E. (2006), S. 97.
[94] Vgl. Kilian, K. (2007), S. 217.
[95] Vgl. Springer, C. (2008), S. 76.
[96] Vgl. Hultén, B. ; Browens, N. ; van Dijk, M. (2009), S. 7.
[97] Vgl. Steiner, P. (2011), S. 39.

den verschiedene Reaktionen ausgelöst, welche die chemischen Substanzen zunächst in elektrische Impulse übersetzen.[98] Diese werden anschließend an den Riechkolben weitergeleitet, welcher die olfaktorischen Reize kategorisiert (z. B. würzig).[99] Über die Riechbahn gelangen die Duftinformationen zur weiteren Verarbeitung zunächst in das limbische System (Amygdala), bevor sie den Frontallappen erreichen und somit bewusst wahrgenommen werden.[100] Die Speicherung der Duftinformationen findet abschließend im Hypothalamus statt. Aus diesem Grund haben Düfte einen starken Einfluss auf unseren Gefühlszustand und werden entweder als angenehm oder unangenehm empfunden.[101]

Der durch einen Duft ausgelöste Gefühlszustand wird von verschiedenen Faktoren beeinflusst. Dazu gehören der Gesamtkontext, in welchem ein Duft wahrgenommen wird sowie die Riechsensibilität des Menschen.[102] Besonders hervorzuheben ist in diesem Zusammenhang der Duftkontext. Dieser führt zu einer Einstellung gegenüber einem Duft, welche gemeinsam mit den gleichzeitig präsentierten Eindrücken abgespeichert wird. Die Wahrnehmung eines Geruchs löst im Umkehrschluss eine Erinnerung an das mit ihm verknüpfte Erlebnis sowie die damit induzierte Emotion aus. Dieser Prozess kann aufgrund der Verarbeitungsfolge von Düften bewusst sowie unbewusst erfolgen.[103] Die Riechsensibilität des Menschen wird wiederum von intraindividuellen Kriterien (z. B. Alter, Geschlecht, Gesundheitszustand und Hormonhaushalt) sowie der genetischen Begabung beeinflusst und kann folglich sehr unterschiedlich ausgeprägt sein.[104] Eine hohe Sensibilität führt dazu, dass auch angenehm bewertete Düfte bei zu hoher Intensität eine negative affektive Wirkung haben.[105] Zusätzlich dazu haben Düfte einen Einfluss auf den Lust- und Gefühlszustand des Menschen und beeinflussen somit Aufmerksamkeit, Leistungsfähigkeit, Lern- und Erinnerungs-

---

[98] Vgl. Rempel, J. E. (2006), S. 91.
[99] Vgl. Hehn, P. ; Silberer, G. (2009), S. 44.
[100] Vgl. Salzmann, R. (2007), S. 64.
[101] Vgl. Knoblich, H. ; Scharf, A. ; Schubert, B. (2003), S. 17.
[102] Vgl. Rempel, J. E. (2006), S. 100 f.
[103] Vgl. Ebd., S. 68.
[104] Vgl. Steiner, P. (2011), S. 40.
[105] Vgl. Salzmann, R. (2007), S. 73.

vermögen sowie die Verweildauer im Geschäft. Ein als angenehm empfundener Duft wirkt sich in diesem Zusammenhang positiv aus.[106]

Der Geschmackssinn gilt als unser intimster Sinn, da Speisen und Getränke aktiv vom Menschen aufgenommen werden müssen, damit gustatorische Sinnesreize wahrgenommen werden.[107] Er ist jedoch zugleich einer unserer schwächsten Sinne und wird maßgeblich vom Geruchssinn beeinflusst. Im Gegensatz zu den etwa 10.000 verschiedenen Düften, welche ein Mensch unterscheiden kann, können lediglich fünf unterschiedliche Geschmacksqualitäten (salzig, sauer, süß, bitter und umami[108]) voneinander differenziert werden.[109] Geschmacksrezeptoren, welche sich in sogenannten Geschmacksknospen befinden und auf der Zunge sowie im Rachen und Gaumen verteilt sind, nehmen die chemischen Geschmacksstoffe auf und wandeln diese in elektrische Impulse um. Synapsen übertragen diese Impulse an benachbarte Nervenfasern am Zungenende, da die Zunge keine eigenen hat. Von dort aus werden die Geschmacksinformationen über den Thalamus an den Frontallappen weitergeleitet.[110] Zusätzlich wird bei wohlschmeckenden Speisen und Getränken der Nucleus Accumbens aktiviert, weshalb gustatorische Eindrücke eine belohnende Wirkung auf den Organismus entfalten und dadurch einen positiven Gefühlszustand entwickeln können.[111] Ein besonders negativer Geschmack löst hingegen „Ekel" aus und aktiviert die Amygdala.[112]

Die Bewertung eines Geschmacks wird wiederum von der Genetik sowie dem physiologischen Zustand des Menschen und zusätzlich wahrgenommenen Reizen weiterer Sinnesmodalitäten beeinflusst.[113] Da die ersten beiden Punkte außerhalb des Einflussbereiches von Unternehmen liegen, soll hier lediglich der Punkt der multisensuellen Beeinflussung des Geschmacks weiter vertieft werden. Besonders hervorzuheben ist in diesem Zusammenhang der Duft einer

---

[106] Vgl. Knoblich, H. ; Scharf, A. ; Schubert, B. (2003), S. 45.
[107] Vgl. Hultén, B. ; Browens, N. ; van Dijk, M. (2009), S. 115.
[108] Umami ist ein japanischer Begriff, der direkt übersetzt in etwa „fleischig" oder „schmackhaft" bedeutet. Im Rahmen der Gustatorik bezeichnet man mit umami einen geschmacksintensivierenden Stoff, welcher Mononatrium-Glutamat heißt. (Vgl. Lebensmittelwissen.de).
[109] Vgl. Haug, A. (2012), S. 45 f.
[110] Vgl. Ebd.; Lindstrom, M. (2014), S. 191.
[111] Vgl. Möllering, K. (2012), S. 2.
[112] Vgl. Beck, H. (2013), S. 26.
[113] Vgl. Steiner, P. (2011), S. 43.

Speise. Fehlt dieser oder ist der Mensch erkältet und somit in seiner Riechsensibilität beeinträchtigt, wird der Geschmack um bis zu 80 Prozent weniger intensiv wahrgenommen und als fade empfunden.[114] Farben und andere optische Gestaltungsmaßnahmen (z. B. Präsentation) lassen wiederum auf die Frische sowie die Qualität der Speise schließen. Fehlt etwa die passende Farbe, kann es dazu kommen, dass der Geschmack fehlinterpretiert wird.[115] Dies liegt darin begründet, dass Farben mit bestimmten Geschmacksqualitäten verbunden werden. So ist etwa bekannt, dass Konsumenten Rot mit einem süßen Geschmack und Grün mit einem sauren in Zusammenhang bringen.[116] Abschließend tragen auch Akustik und Haptik zur wahrgenommenen Qualität von Speisen bei. So ist etwa das Knacken eines Kekses ein Indiz für die Frische.[117]

4.2.2 Relevanz für das Marketing

Gerüchen kommt im Rahmen der Kaufentscheidung nach visuellen Reizen die zweithöchste Relevanz zu.[118] Dennoch nutzen bisher lediglich sechs Prozent der größten Unternehmen einen differenzierten Duft für die Vermarktung ihrer Produkte.[119] Mit zunehmendem Wissen über dessen Wirkungsweise in Bezug auf die Markenwahrnehmung steigt allerdings auch das Interesse der Unternehmen an einem strategischen Dufteinsatz.[120]

Düfte sind insbesondere im Zuge der steigenden Informationsüberlastung der Konsumenten sowie aufgrund eines zunehmenden Verdrängungswettbewerbs ein geeignetes Mittel, um die Bekanntheit der Marke zu erhöhen und zudem Präferenzen für diese aufzubauen.[121] Die Informationsüberlastung hat zur Folge, dass Reize zum Schutz des Organismus zunehmend gefiltert werden und somit die Aufmerksamkeit der Konsumenten bezüglich Werbemaßnahmen abnimmt. Düfte werden jedoch ungefiltert aufgenommen und wirken sich, wie bereits dargestellt, auf den Lustzustand des Menschen aus. Dies kann bei ent-

---

[114] Vgl. Hultén, B. ; Browens, N. ; van Dijk, M. (2009), S. 117.
[115] Vgl. Steiner, P. (2011), S. 45.
[116] Vgl. Lindstrom, M. (2010), S. 101.
[117] Vgl. Häusel, H. G. (2012), S. 223 f.
[118] Vgl. Lindstrom, M. (2010), S. 72.
[119] Vgl. Ebd., S. 33.
[120] Vgl. Solomon, M. R. (2013), S. 72.
[121] Vgl. Knoblich, H. ; Scharf, A. ; Schubert, B. (2003), S. 94 f.

sprechender Verknüpfung von Werbemaßnahmen mit Düften zu einer auf diese gerichtete Aufmerksamkeit der Konsumenten führen. Wird der Duft darüber hinaus als angenehm empfunden, kann sich dies auf die Bewertung der Werbemaßnahmen auswirken und sie somit emotional verstärken, wodurch sie wiederum besser erinnert werden.[122] Folglich bietet sich Unternehmen die Möglichkeit, selbst bei geringer Aufmerksamkeit der Konsumenten emotionale, innere Markenbilder zu entwickeln. Diese können wiederum über die Kommunikation von Duft gemeinsam mit der induzierten Emotion auch unbewusst sowie in einer kurzen Zeit wieder hervorgerufen werden. Letzteres ist insbesondere im Zuge der steigenden Relevanz von Impulskäufen bedeutend, da diese eine kurze Entscheidungszeit kennzeichnet.[123] Der zunehmende Verdrängungswettbewerb führt auf der anderen Seite dazu, dass sich Produkte in technischer Hinsicht zunehmend ähneln und Konsumenten diese als qualitativ austauschbar ansehen. Angenehme Düfte, welche mit einem Produkt in Verbindung gebracht werden, können jedoch als emotionaler Zusatznutzen dienen und dadurch Präferenzen für dieses aufbauen.[124]

Betrachtet man zunächst die kaufentscheidende Relevanz des Geschmacks, ungeachtet spezifischer Branchen, so kann festgestellt werden, dass visuelle, olfaktorische sowie akustische Reize von den Konsumenten als wichtiger erachtet werden.[125] Dies liegt unter anderem darin begründet, dass nur die wenigsten Produkte Geschmack als wesentlichen Bestandteil aufweisen.[126] In der Lebensmittelbranche gilt dieser jedoch als wichtigste Eigenschaft in Bezug auf die Produktwahl, da er als zentrales Kriterium für die Produktqualität angesehen wird.[127] Folglich bieten geschmackliche Komponenten Unternehmen die Möglichkeit, ihr Leistungsangebot von der Konkurrenz zu differenzieren und dadurch Präferenzen aufzubauen.

Vor allem im Zuge des Variety-Seekings und der Genussorientierung der Konsumenten erhält der Geschmack für das Marketing eine wichtige Bedeutung.

---

[122] Vgl. Hehn, P. ; Silberer, G. (2009), S. 49; Haug, A. (2012), S. 40.
[123] Vgl. Steiner, P. (2011), S. 109; Rempel, J. E. (2006), S. 23.
[124] Vgl. Knoblich, H. ; Scharf, A. ; Schubert, B. (2003), S. 63 ff.
[125] Vgl. Lindstrom, M. (2005), S. 69.
[126] Vgl. Hultén, B. ; Browens, N. ; van Dijk, M. (2009), S. 113.
[127] Vgl. Statista (Hrsg.), (2014).

Ersteres führt dazu, dass Unternehmen, welche kein breites Geschmackssortiment anbieten, Gefahr laufen, Kundschaft zu verlieren.[128] Letzteres hat wiederum zur Folge, dass höhere qualitative Anforderungen an den Geschmack gestellt werden, was zu einer steigenden Bedeutung einer multisensoriellen Produktgestaltung führt, da über diese ein intensiveres Geschmackserlebnis kreiert werden kann.[129] Die Kommunikation geschmacklicher Qualitäten kann jedoch aufgrund dessen, das es sich beim Geschmackssinn um einen Nahsinn handelt, lediglich über eine direkte Interaktion mit dem Konsumenten erfolgen. Auch hier gilt es, weitere Sinnesmodalitäten in die Gestaltung mit einzubeziehen, um ein möglichst positives Ergebnis zu erzielen.[130]

4.2.3 Gezielte Einsatzmöglichkeiten am POS

4.2.3.1 Verkostung

Die Verkostung ist ein klassisches Kommunikationsmittel des POS Marketings, welches in erster Linie den Geschmackssinn der Konsumenten ansprechen soll, aber darüber hinaus auch Informationen zu Geruch, Optik und Konsistenz des Produktes liefert.[131] Ziel dieser Form der Verkaufsförderung ist es, das Produktwissen der Konsumenten zu erhöhen sowie die Markenbekanntheit und das Markenimage zu verbessern. Darüber hinaus sollen Verkostungen dazu beitragen, Impulskäufe zu generieren.[132] Die starke Wirkung von Verkostungen auf das Kaufverhalten der Konsumenten wurde im Rahmen einer Studie der Lebensmittelzeitung bestätigt. In dieser gaben 17 Prozent der Konsumenten an, bereits von Verkostungen zum Kauf angeregt worden zu sein.[133] Erklärungsansätze für diese Wirkung sind zum einen der persönliche Dialog zwischen Konsument und Propagandist und zum anderen die Möglichkeit, das Produkt unentgeltlich zu probieren, was zur Reduktion von möglichen Kaufbarrieren beitragen kann.[134]

---

[128] Vgl. Hohl, N. A. D. ; Koch, A. (2013), S. 184 f.
[129] Vgl. Zühlsdorf, A. ; Spiller, A. (2012), S. 17.
[130] Vgl. Kilian, K. (2007), S. 224; Steiner, P. (2011), S. 114.
[131] Vgl. Müller, W. ; Lombardo, M. (2008), S. 14.
[132] Vgl. Gröppel-Klein, A. (2012), S. 653.
[133] Vgl. Lebensmittelzeitung (Hrsg.), (2014), S. 33 f.
[134] Vgl. Gröppel-Klein, A. (2012), S. 653; Müller, W. ; Lombardo, M. (2008), S. 26.

Verkostungseinsätze werden in der Regel von professionellen Agenturen betreut. Diese stellen speziell geschultes Verkostungspersonal zur Verfügung und stehen im Kontakt mit dem Handel. Zudem übernehmen sie häufig den Versand der Aktionsprodukte sowie der Werbematerialien in die Verkaufsstellen und sind für die Produktion bzw. die Beschaffung der Unterstützungsmaterialien (u. a. Theken, Banner, Teller bzw. Becher) zuständig. Darüber hinaus erstellen sie Berichte, welche über Abverkäufe sowie Kundenfeedbacks informieren.[135]

Bei professioneller Durchführung bieten Verkostungen als einziges Kommunikationsmittel die Chance, alle fünf Sinne der Konsumenten anzusprechen. Dadurch kann einerseits der wahrgenommene Geschmack positiv intensiviert sowie andererseits die emotionale Aktivierung der Konsumenten stark erhöht werden.[136] Düfte werden durch ausgepackte und bereits zubereitete Produkte verströmt, während der visuelle Sinn durch die Gestaltung der Produktpräsentation sowie das Verkostungspersonal angesprochen wird. Zusätzlich kommt der Konsument über Hände und Mund, welche die berührungsempfindlichsten Stellen des Körpers sind[137], in direkten Kontakt mit der Verkostungsware, wodurch der haptische Sinn involviert wird. Der zeitgleiche Dialog mit dem Verkostungspersonal komplettiert das multimodale Verkostungserlebnis mit dem Einbezug des akustischen Sinns. Bei der Kombination der Reize sollte jedoch darauf geachtet werden, dass sie aufeinander abgestimmt sind sowie den restlichen Kommunikationsmix passend ergänzen, damit sie der Markenidentität entsprechen.[138] Zudem sollte die Aktion möglichst einzigartig gestaltet werden, damit sie sich von den zahlreichen Wettbewerbsaktionen unterscheidet. Dies kann unter anderem durch den Einsatz besonderer Platzierungselemente sowie durch die Auswahl markenkonformer Kleidung für das Verkostungspersonal realisiert werden, wie es das folgende Beispiel einer Raffaello Verkostungsaktion verdeutlicht:[139]

---

[135] Vgl. JSP-Produkt Promotion (Hrsg.), (o. J.).
[136] Vgl. Zühlsdorf, A. ; Spiller, A. (2012), S. 17; Lindstrom, M. (2009), S. 146 f.
[137] Vgl. Beck, H. (2013), S. 5.
[138] Vgl. Kröber-Riel, W. ; Gröppel-Klein, A. (2013), S. 99.
[139] Vgl. Behme, F. ; Clomber, L. (2011).

Raffaello hat in die Gestaltung dieser Aktion diverse Elemente integriert, welche auch in weiteren Medien kommuniziert werden wie etwa den weißen Pavillon, die Dame im weißen Sommerkleid mit Hut, die Palme und den dunkelbraunen Holzsteg. Diese visuellen Elemente sind für Konsumenten, welche mit der Marke vertraut sind, leicht wiederzuerkennen. Dies hat zur Folge, dass ein positiv wahrgenommenes Verkostungserlebnis direkt mit der Marke verbunden wird und sich folglich ebenso positiv auf die Markenwahrnehmung abfärben kann.

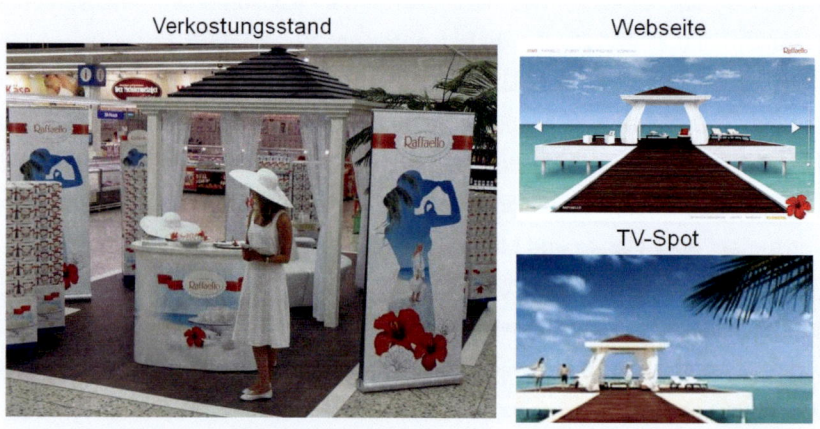

Abb. 7: Verkostungseinsatz am Beispiel Raffaello
Quelle: Eigene Darstellung, Datenquellen: Behme, F. ; Clomber, L. (2011); Raffaello (Hrsg.), (o. J.); YouTube (Hrsg.), (2008).

4.2.3.2 Räumliche Duftgestaltung

Die Gestaltung des Verkaufsraums mit olfaktorischen Reizen kann zunächst in eine individuelle sowie in eine kollektive Gestaltung subsummiert werden. Während bei einer individuellen Duftgestaltung zum Teil eine Aktivität des Konsumenten vorausgesetzt wird, damit sich ein Duft entfaltet, kann bei einer kollektiven Gestaltung der gesamte Verkaufsraum bzw. spezifische Abteilungen mit einem Duft belegt werden.[140] Letzteres liegt aufgrund der markenunspezifischen Beeinflussung der Verkaufsraumatmosphäre in der Hand des Handels und ist für das vorliegende Buch nicht weiter relevant. Die individuelle Duftaus-

---

[140] Vgl. Hehn, P. (2007), S. 197.

bringung wird jedoch durch die Entwicklung moderner Hilfsmittel der Inselbe-
duftung zunehmend erleichtert, weshalb die Bedeutung des Dufteinsatzes für
die Vermarktung einzelner Produkte steigt.[141]

Zu diesen Entwicklungen gehören insbesondere elektronische Duftzerstäuber
und mit Mikrokapseln angereicherte Duftlacke. Duftzerstäuber können in Kombination mit Displays oder Shop-in-Shop-Systemen angewandt werden und bieten dem Werbetreibenden die Möglichkeit, Intervalle und Intensitäten für einen
automatischen Dufteinsatz zu programmieren. Sie bestehen in der Regel aus
einer Kammer, in der sich ein Duftträger (Granulat oder Duftöl) befindet sowie
einem Ventilator, welcher die Duftstoffe in der Umgebung verteilen soll. Im Falle
der Nutzung von Duftölen stehen zwei Ausbringungsverfahren zur Verfügung:

- Die Warmverdunstung erhitzt das Öl und verteilt ihre Dämpfe in der Umgebung. Problematisch ist dabei, dass eine sich wieder abkühlende Luft
  Tröpfchenbildung verursacht und diese sich auf umliegende Materialien
  und Produkte absetzen.

- Die Kaltverdunstung löst dieses Problem, indem flüssige Duftpartikel von
  kalter, gefilterter Luft aufgenommen und verteilt werden.

Die Nutzung von Granulat ist für die Kommunikation einzelner Produkte besonders geeignet. Auch hier werden Duftstoffe mittels gefilterter Luft aufgenommen
und verteilt. Im Gegensatz zur Kaltverdunstung befinden sich die Moleküle jedoch in einem gasförmigen Zustand, wodurch geringe Duftintensitäten realisierbar sind.[142]

Eine Alternative zu elektronischen Duftzerstäubern stellen Duftlacke dar. Diese
sind mit Mikrokapseln angereichert, welche jegliche Duftstoffe beinhalten können. Wird der Lack berührt, platzen die Kapseln auf und verströmen den ge-
wünschten Geruch.[143] Vorausgesetzt wird jedoch eine aktive Beteiligung des
Konsumenten, welche wiederum ein gegebenes Aktivierungsniveau voraus-
setzt. Es kann daher abgeleitet werden, dass eine Aktivierung bereits vor dem
Duftkontakt durch einen anderen Außenreiz erfolgen muss.

---

[141] Vgl. Knoblich, H. ; Scharf, A. ; Schubert, B. (2003), S. 113 ff.
[142] Vgl. Ebd.
[143] Siehe dazu auch die beispielhafte Duftliste der Firma Schubert International im Anhang dieser Studie. (Vgl. Schubert International (Hrsg)).

Bei der Anwendung von Düften im Markenkontext gilt es zu beachten, dass sich die Bewertung des Duftes direkt auf die Bewertung der Werbemaßnahme und im Umkehrschluss auf die dahinter stehende Marke abfärbt.[144] Diese Bewertung kann wiederum aufgrund der hohen kontextuellen Erinnerungsleistung von Düften dauerhaft mit der Marke verbunden werden und zu einer negativen Konditionierung des Konsumenten führen. Es ist daher von großer Relevanz, Düfte vor ihrer Implementierung in Kommunikationsmaßnahmen mit Konsumenten zu testen, um sicherzustellen, dass die Zielgruppe den genutzten Duft als angenehm empfindet.[145] Zudem sollte ermittelt werden, ob Konsumenten einen austretenden Duft von einem verpackten Produkt erwarten würden. Ist das nicht der Fall, kann es trotz positiver Bewertung des Duftes zu ablehnenden Reaktionen der Konsumenten kommen, wie im folgenden Beispiel verdeutlicht wird:

In einer Studie in Zusammenarbeit mit einem Schokoladenhersteller wurde ein Warendisplay für eine Testphase mit einem elektronischen Duftzerstäuber ausgestattet und bei einer Vergleichsphase ohne diesen. Der Duft wurde zuvor mittels Konsumententests, in dem zwei Alternativen zur Wahl standen, von 86 Prozent der Befragten als angenehm bewertet. Dennoch ergab die Befragung von 262 Konsumenten, dass die Duftwirkung in diesem Fall eher als negativ einzustufen ist. Zwar gaben die Konsumenten an, dass sie die Marke schneller und besser wahrnehmen konnten, allerdings beurteilten sie die Kriterien „Frische" und „Qualität" unter Dufteinfluss wesentlich schlechter. Dies wirkte sich wiederum negativ auf die Beurteilung des Displays aus und führte letztendlich zu einer ablehnenden Haltung gegenüber dem Produkt. Man vermutet, dass dieses Ergebnis darauf zurückzuführen ist, dass die Ware luftdicht verschlossen ist und der Duft die Konsumenten unangenehm überrascht hat.[146]

---

[144] Vgl. Steiner, P. (2011), S. 108.
[145] Vgl. Haug, A. (2012), S. 40 ff.
[146] Vgl. Knoblich, H. ; Scharf, A. ; Schubert, B. (2003), S. 119 ff.

4.2.4 Kritische Würdigung und rechtliche Rahmenbedingungen

Der Einsatz von Düften im Marketing steht vor allem aufgrund zweier Punkte in der Kritik. Zum einen werden zunehmend gesundheitliche Bedenken geäußert, welche darauf zurückzuführen sind, dass Düfte über die Atemluft in den Organismus gelangen und dadurch Kopfschmerzen sowie allergische Reaktionen auslösen können. Letzteres wird vor allem ätherischen Ölen nachgesagt. Deshalb wird dazu geraten, synthetische Duftstoffe zu nutzen, welche vor ihrer Zulassung intensiv bezüglich ihrer Wirkung überprüft werden.[147] Zudem wird befürchtet, dass Düfte dazu verwendet werden, das Verhalten der Konsumenten zu manipulieren. Ursächlich dafür ist die Kenntnis, dass selbst Düfte mit geringer Intensität, welche vom Konsumenten nicht bewusst wahrgenommen werden, eine affektive Wirkung entfalten und zu einer besseren Beurteilung des damit verbundenen Produktes führen. Da sich dies allerdings auch auf die Erwartungshaltung der Konsumenten auswirkt und bei Nichterfüllung kognitive Dissonanzen auslöst, ist es ratsam, den natürlichen Geruch der Produkte nicht künstlich zu erweitern.[148]

Auch der Geschmack steht zunehmend in der gesellschaftlichen Kritik, was sich unter anderem in der Popularität von Internetportalen wie etwa „Lebensmittelklarheit.de" widerspiegelt. Dort werden Punkte wie nicht oder nur geringfügig vorhandene Inhaltsstoffe angemerkt, welche als Hauptbestandteil des Produktes kommuniziert werden (z. B. Punica Kesse Kirsche) oder auch deren künstlich intensivierte Farbe (z. B. Milram Paprika Quark).[149] Zudem werden gesundheitliche Bedenken an einigen Zusatzstoffen geäußert[150], welche wiederum vom Krebsinformationsdienst mit Hinweis auf die intensiven Zulassungsverfahren sowie auf Ergebnisse neuer Studien abgewiesen werden.[151]

Aus rechtlicher Perspektive gilt für Düfte und Geschmacksstoffe, welche als Bestandteile von Lebensmitteln eingesetzt werden, das Lebensmittel- und Be-

---

[147] Vgl. Ebd., S. 160 ff.
[148] Vgl. Salzmann, R. (2007), S. 152.
[149] Vgl. Lebensmittelklarheit.de (Hrsg.).
[150] Vor allem der Süßstoff Aspartam steht in der Kritik, da man vermutet, dass dieser die Gefahr an Krebs zu erkranken erhöht. Begründet wird dies mit Ergebnissen aus Langzeitstudien mit Ratten. (Vgl. Soffritti, M. et al. (2007), S. 1269 f.).
[151] Vgl. Deutsches Krebsforschungszentrum (Hrsg.), (2013).

darfsgegenständegesetz sowie die Aromenverordnung, welche die Kennzeich-
nungspflichten von Aromen und Inhaltsstoffen regeln und verhindern sollen,
dass gesundheitsschädliche Stoffe verarbeitet werden.[152] Markenrechtlich können Duft und Geschmack grundsätzlich als neue Markenformen geschützt werden. Geregelt wird dies in § 3 Abs. 1 des Markengesetzes. Voraussetzung dafür
ist allerdings eine hinreichende Unterscheidungskraft sowie die grafische Dar-
stellungsmöglichkeit der einzutragenden Marke. Beides ist für Duft und Geschmack bisher nicht hinreichend realisierbar, weshalb in Deutschland bis dato
noch keine eingetragenen Duft- bzw. Geschmacksmarken existieren.[153]

4.3 Haptische Ansprache

4.3.1 Wahrnehmung und Wirkung für den Konsumenten

Der Tastsinn ergänzt den visuellen Sinn und dient dazu, die Umgebung besser
zu verstehen und Objekte auf ihre Qualität zu prüfen.[154] Zudem hat er eine
wichtige Bedeutung im Rahmen unserer zwischenmenschlichen Kommunikation (insb. in der Äußerung affektiver Zuneigung). Er wird daher auch als
„menschlichster" Sinn bezeichnet.[155] Haptische Sinneseindrücke[156] werden von
der Haut aufgenommen, welches das größte und zugleich schwerste Sinnesor-
gan des Menschen ist. Bereits leichte Berührungen lösen elektrische Impulse
aus, welche von Rezeptoren, die in der Haut liegen (Oberflächensensoren), und
solchen, welche in Muskeln, Sehnen und im Gewebe vorhanden sind (Tiefen-
sensoren), aufgenommen werden.[157] Vor allem die Fingerkuppen und der Mund
reagieren besonders empfindlich auf Berührungen, da sie eine hohe Dichte zu-
sammenlaufender Nervenbahnen aufweisen.[158] Die ausgelösten Impulse werden an das Rückenmark gesendet, welches sie wiederum gebündelt über den
Thalamus zur weiteren Verarbeitung an den Parietallappen weiterleitet.[159]

---

[152] Vgl. Knoblich, H. ; Scharf, A. ; Schubert, B. (2003), S. 205 ff.
[153] Vgl. Steiner, P. (2011), S. 159 ff.
[154] Vgl. Ebd., S. 30 f.
[155] Vgl. Haug, A. (2012), S. 48.
[156] Zu den haptischen Sinneseindrücken gehören Größe, Form, Gewicht, Oberfläche und Material. Diese Eigenschaften werden gleichzeitig aufgenommen und ergänzen sich zu einer Ge-
samtwahrnehmung des Objekts. (Vgl. Springer, C. (2008), S. 77 ff.).
[157] Vgl. Ebd.
[158] Vgl. Birbaumer, N. ; Schmidt, R. F. (2010), S. 322.
[159] Vgl. Reisyan, G. D., (2013), S. 152.

Positiv empfundene zwischenmenschliche Berührungen führen zu einer erhöhten Ausschüttung von Oxytocin und verbessern dadurch unser Wohlbefinden. Darüber hinaus senken sie den Blutdruck und bewirken eine Entspannung des Organismus.[160] Die gefühlsmäßige Wirkung, welche durch das Berühren eines Objekts ausgelöst wird, ist indes insbesondere von den Eigenschaften Gewicht, Oberfläche und Materialhärte abhängig, welche je nach Ausprägung mit unterschiedlichen Assoziationen verknüpft sind. Schwere Gegenstände werden beispielsweise als hochwertig wahrgenommen, während leichten eine geringe Qualität zugesprochen wird.[161] Glatte Oberflächen werden unter anderem mit den Eigenschaften „weiblich" und „mild" assoziiert, während raue Oberflächen als „männlich" und „herb" beschrieben werden.[162] Weiche Materialien werden mit der emotionalen Eigenschaft „behaglich" verbunden, während harte als „robust" wahrgenommen werden. Es ist jedoch festzuhalten, dass sich die unterschiedlichen haptischen Eigenschaften eines Objekts gegenseitig ergänzen und zu einer gemeinsamen Wirkung führen.[163] Die Intensität der Wirkung eines haptischen Eindrucks ist wiederum von der Höhe der Aufmerksamkeit des Fühlenden abhängig.[164]

Abschließend bleibt festzuhalten, dass visuelle Reize einen hohen Einfluss auf die Wahrnehmung haptischer Charakteristika haben und somit zu einer veränderten Wirkung dieser führen können. Rote Objekte werden beispielsweise schwerer und zugleich wärmer wahrgenommen als etwa blaue, auch wenn sie objektiv gleich gestaltet sind (Vgl. Tab. 2).[165] Besteht wiederum eine hohe Kongruenz zwischen haptischen und visuellen Objekteigenschaften, führt dies zu einer starken Einprägung des Gegenstands im Gedächtnis des Fühlenden. Es ist bekannt, dass ein vertrautes Objekt auch mit verschlossenen Augen, allein durch eine Berührung, in kürzester Zeit erkannt wird.[166] Umgekehrt löst die Betrachtung eines Gegenstands bzw. der Gedanke an diesen eine Erinnerung an

[160] Vgl. Hultén, B. ; Browens, N. ; van Dijk, M. (2009), S. 138.
[161] Vgl. Ebd., S. 142.
[162] Vgl. Langner, T. ; Esch, F. R. ; Kühn, J. (2009), S. 292 f.
[163] Vgl. Steiner, P. (2011), S. 36.
[164] Vgl. Nickel, O. (2009), S. 801.
[165] Vgl. Springer, C. (2008), S. 86.
[166] Vgl. Nickel, O. (2009), S. 799 f.

dessen haptischen Eindruck sowie die damit verbundenen Assoziationen aus.[167]

Farbwirkung/ Assoziative Symbolik	haptische Sinneseindrücke				
	Größe	Form	Gewicht	Oberfläche	Material
Rot: aktivierend, dynamisch, erregend/ Dynamik, Kraft, Liebe	groß	eckig (Quadrat)	schwer	weich	warm
Orange: anregend, warm, offen/ Energie, Freude, Wärme		eckig (Trapez)			trocken
Gelb: heiter, anregend, jung/ Sonne, Eifersucht, Neid		eckig (Dreieck)	leicht	glatt hart	
Grün: natürlich, gesund, beruhigend/ Natur, Hoffnung, Sicherheit		eckig (Dreieck)		glatt	feucht
Blau: ernsthaft, kühl, ruhig/ Ferne, Atmosphäre, Reife		rund (Kreis)		glatt	
Violett: melancholisch, würdevoll, mystisch/ Buße, Würde, Magie	klein	rund (Ellipse)	schwer	weich	kalt

Tab. 2: Ausgewählte Wirkungsweisen haptischer Sinneseindrücke
Quelle: Springer, C. (2008, S. 86).

4.3.2 Relevanz für das Marketing

Für 82 Prozent aller Konsumgüterunternehmen ist die Ansprache des Tastsinns möglich und relevant.[168] Die Produktverpackung sowie die Kommunikationsmittel am POS sind die ersten physischen Kontaktpunkte des Konsumenten mit einer Marke und spielen somit eine entscheidende Rolle in der Qualitätsbeurteilung sowie für die Differenzierung.[169] Darüber hinaus kann die haptische Kommunikation zur Verdeutlichung der Markenpositionierung beitragen. Beispielhaft sei hier die Flasche der Marke Orangina genannt. Ihre Form sowie ihre Oberflächenbeschaffenheit erinnern stark an eine Orange und unterstützen damit die Positionierung als „fruchtige" Limonade.[170] Zudem ist bekannt, dass die physische Interaktion zwischen Konsument und Produkt zum Aufbau einer emotionalen Beziehung beiträgt, dessen Bewertung verbessert und daher impulsives Kaufverhalten fördert.[171] Ein weiterer Faktor für die steigende Bedeutung hapti-

---

[167] Vgl. Hultén, B. ; Browens, N. ; van Dijk, M. (2009), S. 136.
[168] Vgl. Lindstrom, M. (2010), S. 34.
[169] Vgl. Ebd., S. 90; Steiner, P. (2011), S. 106.
[170] Vgl. Nickel, O. (2009), S. 811 f.
[171] Vgl. Warmbier, W. (2008), S. 109.

scher Reize in der Kommunikation ist das wachsende Designbewusstsein der Konsumenten, welches dazu führt, dass Produkte häufig allein aufgrund ihrer Form gekauft werden. Aus diesem Grund kommt der Gestaltung von Produktverpackungen eine hohe Relevanz zu.[172]

4.3.3 Gezielte Einsatzmöglichkeiten am POS

4.3.3.1 Produktverpackung

Die Produktverpackung stellt am POS die letzte Kommunikationsmöglichkeit mit dem Konsumenten dar und informiert diesen über Eigenschaften sowie Zweck des Produktes. Sie wird daher auch als „stiller Verkäufer" bezeichnet. Darüber hinaus soll sie das Produkt vor äußeren Einflüssen schützen, transportfähig sein und den Verbrauchern den Konsum erleichtern (z. B. Wiederverschließbarkeit).[173] Die hohe Relevanz der Verpackung für das Marketing konnte in einer Studie des Marktforschungsunternehmens Information Resources, Inc. bestätigt werden, welche die folgenden Ergebnisse lieferte:

- Die Gestaltung der Verpackung ist ausschlaggebend dafür, ob sich Konsumenten näher mit einem Produkt beschäftigen.
- Die Verpackung und die darauf abgebildeten Informationen haben einen höheren Einfluss auf die Kaufentscheidung als POS-Werbemaßnahmen und TV-Werbung.
- Sie wird von einem Drittel der Befragten als Qualitätsindikator für das Produkt angesehen.
- Mehr als 40 Prozent sind bereit, einen Aufpreis für Produkte mit einer multisensorischen Verpackung zu zahlen.[174]

Nach Langner et al. umfasst die Gestaltung der Verpackung verschiedene verbale (u. a. Markenname, Slogan, Produktinformationen) sowie non-verbale (u. a. Farbe, Form, Oberfläche, Material, Geruch und Akustik) Elemente. Insbesondere die visuellen, haptischen sowie olfaktorischen Komponenten sollten im Mittelpunkt der Verpackungsgestaltung stehen, da diese in Bezug auf die Ver-

---

[172] Vgl. Keuper, F. ; Hannemann, H. (2009), S. 256.
[173] Vgl. Ebd., S. 254.
[174] Vgl. Pro Carton (Hrsg.), (2006), S. 7 ff.

packung den größten Einfluss auf die Kaufentscheidung haben.[175] Diverse Lacke können dazu genutzt werden, spezifische grafische Elemente optisch hervorzuheben (z. B. Glanz-UV-Lack) und Verpackungen eine besondere Oberflächenstruktur zu verleihen (z. B. Softtouchlack, Wassertröpchenlack). Darüber hinaus können sie zur olfaktorischen Veredelung beitragen (Vgl. Kap. 4.2.3.2).[176] Die Gestaltung der Verpackungsform ist abhängig vom genutzten Material, welches seinerseits unter anderem von der Haltbarkeit der Produkte beeinflusst wird. Form und Material müssen zudem logistischen Anforderungen (insb. Transportfähigkeit und Lagerhaltung) gerecht werden.[177]

Bei der Gestaltung von Produktverpackungen ist zu berücksichtigen, dass die verschiedenen Elemente (insb. visuelle und haptische) in hohem Maße miteinander interagieren.[178] Zudem können die Komponenten, einzeln für sich betrachtet, je nach Bezugsrahmen verschiedene Assoziationen auslösen. Erst eine integrierte Gestaltung aller Bestandteile der Verpackung kann demzufolge dazu beitragen, eine eindeutige Positionierung zu entwickeln und dabei unterstützen, die gewünschte Zielgruppe anzusprechen. Darüber hinaus sollte sich die Verpackung klar vom Wettbewerb differenzieren, um von den Konsumenten erkannt zu werden.[179] In Bezug auf die Wiedererkennung ist es weiterhin besonders wichtig, die Verpackungsgestaltung langfristig beizubehalten. Wird das Design hingegen häufig gewechselt, kann dies dazu führen, dass das Vertrauen der Konsumenten in die Qualität der Produkte abnimmt.[180]

Ein bekanntes Beispiel für ein gelungenes Verpackungsdesign ist die Verpackung der Spirituosenmarke Underberg. Diese besteht aus Strohpapier mit einem darauf angebrachten Etikett, welches das Getränk vor Lichteinfluss schützt und den Flaschenhals hygienisch rein halten soll.[181] Im Regal wirkt dies als starkes Erkennungsmerkmal, da sonstige Flaschen dieser Kategorie in der Regel „nackt" präsentiert werden. Das Design von Flasche und Verpackung ent-

---

[175] Vgl. Langner, T. ; Esch, F. R. ; Kühn, J. (2009), S. 289 ff.
[176] Vgl. noble-pac (o. J.).
[177] Vgl. Ahlert, D. (Hrsg.) ; Berentzen, J. ; Ommen, N. (2007), S. 19.
[178] Vgl. Springer, C. (2008), S. 86.
[179] Vgl. Langner, T. ; Esch, F. R. ; Kühn, J. (2009), S. 298 f.
[180] Vgl. Ahlert, D. (Hrsg.) ; Berentzen, J. ; Ommen, N. (2007), S. 26 f.
[181] Vgl. Semper idem Underberg (Hrsg.), (o. J.).

spricht zudem der eher älteren und männlichen Zielgruppe, da es in schlichten Farben und in einer kantigen Form gestaltet ist.[182] Darüber hinaus ist der Markenname in das Flaschenmaterial geprägt, wodurch er nicht nur visuell, sondern auch haptisch wahrnehmbar ist und sich somit besser im Gedächtnis der Konsumenten einprägt. Der Erfolg zeigt sich zum einen in der hohen Markenbekanntheit von 90 Prozent und zum anderen darin, dass die Marke, trotz hochpreisigem Konzept, an der Spitze des Marktes für Kräuterschnäpse liegt.[183]

Abb. 8: Verpackungsgestaltung am Beispiel Underberg
Quelle: Unternehmer Medien (Hrsg.), (o. J.).

4.3.3.2 Gestaltung von Displays

Displays sind Zweitplatzierungselemente, welche neben der eigentlichen Regalplatzierung eingesetzt werden und die beworbenen Produkte in einem idealen Markenkontext darstellen sollen.[184] Sie gehören für die Konsumenten zu den attraktivsten und zudem kaufrelevantesten POS Werbemitteln im LEH. Bestätigt wurde dies im Rahmen einer nationalen Studie, in der 41 Prozent der befragten Konsumenten angaben, dass sie in ihrer Kaufentscheidung bereits von Displays beeinflusst worden sind.[185] Nachdem in Kapitel 4.2.3.2 bereits dargelegt wurde, dass Displays zur Verbreitung von Düften eingesetzt werden können, sollen nun die haptischen und visuellen Gestaltungsmöglichkeiten erörtert werden.

---

[182] Vgl. Häusel, H. G. (2012), S. 220.
[183] Vgl. Creditreform Rating (Hrsg.), (2011), S. 3.
[184] Vgl. Gedenk, K. (2002), S. 25.
[185] Vgl. Produkt + Markt (Hrsg.) ; UGW Communication (Hrsg.), (2012), S. 86 ff.

Displays werden in der Regel nach den Anforderungen des werbenden Unternehmens konstruiert und können aus unterschiedlichen Materialien und in vielfältigen Formen gestaltet werden. Je nach Produktbeschaffenheit (insb. Größe und Gewicht) ist es beispielsweise möglich, Displays aus Pappe, Metall oder Plexiglas herzustellen.[186] Deren Oberfläche kann wiederum, je nach gewähltem Material, haptisch sowie optisch veredelt werden. Bekannte Verfahren sind unter anderem Kaschierung (u. a. mit Strukturfolie), Prägefoliendruck (u. a. Reliefprägung) und Lackierung (u. a. Relief- und Softlack).[187] Darüber hinaus können ergänzende Werbematerialien wie etwa Plakate oder Halterungen für Produktinformationen sowie elektronische Zusatzelemente wie Beleuchtungssysteme angebracht werden.[188]

Verschiedene Faktoren sind bei der Gestaltung von Displays zu beachten. Zum einen gilt es zu berücksichtigen, dass Konsumenten meist nicht direkt mit Displays in Berührung kommen. Es ist daher besonders wichtig, Formen und Materialien zu wählen, welche den Konsumenten bekannt sind. Dies ermöglicht es, dass haptische Eindrücke und die damit verbundenen Assoziationen auch über die Betrachtung des Displays ausgelöst werden. Dabei ist zu beachten, dass die ausgelösten Assoziationen einen Einfluss auf die Wahrnehmung der präsentierten Produkte haben, weshalb es wichtig ist, sie so zu wählen, dass sie komplementär zur Produktpositionierung sind.[189] Darüber hinaus sollte das Display möglichst proportional, offen und ohne Zugriffsbarrieren gestaltet sein, damit Konsumenten die Optik als angenehm empfinden und sie die Ware aus allen Perspektiven sehen und greifen können.[190] Des Weiteren sind Besonderheiten der Verkaufsstellen zu beachten, da Displays in der Regel in Gängen aufgebaut werden. Sind diese zu eng oder ist das Display zu groß, kann es zu einem Effekt kommen, welcher als „Crowding" bezeichnet wird. Dieser beschreibt einen Zustand, in dem Konsumenten eine starke räumliche Einengung empfinden, was dazu führen kann, dass sie sich aus der Verkaufsstelle entfernen.[191]

---

[186] Vgl. Klapheck (Hrsg.), (o. J.).
[187] Vgl. Achilles Gruppe (Hrsg.), (o. J.).
[188] Vgl. Holbox (Hrsg.), (o. J.).
[189] Vgl. Hultén, B. ; Browens, N. ; van Dijk, M. (2009), S. 139 ff.
[190] Vgl. Weitzl, W. (o. J.).
[191] Vgl. Gröppel-Klein, A. (2012), S. 658 f.

Der Getränkehersteller Punica veranschaulicht, wie ein qualitativ hochwertiges, haptisch und zugleich visuell ansprechendes Display gestaltet werden kann. Das Grundgerüst besteht aus stabilem Aluminium und die flexiblen Palmenwedel aus einem speziellen Pappgemisch. Die glatte Oberfläche des Displays suggeriert gemeinsam mit der Form (Dreieck) und der Farbgebung (Grün und Braun) Natürlichkeit sowie Gesundheit. Dies sind Faktoren, welche Konsumenten von einem safthaltigen Getränk erwarten. Zudem greift der Safthersteller mit der Gestaltung das bekannte Markenbild der „Punica Oase" auf und schafft einen aufmerksamkeitsstarken sowie leicht wiederzuerkennenden Markenauftritt. Darüber hinaus wird durch die offene Gestaltung erreicht, dass die Ware aus allen Richtungen gut sichtbar und greifbar ist.[192]

Abb. 9: Displaygestaltung am Beispiel Punica
Quelle: Eigenes Foto (Rewe, Neu-Isenburg, 15.02.2014).

---

[192] Die Informationen zu Materialart sowie zum Markenbild der Punica Oase entstammen aus meiner Tätigkeit im Marketing von PepsiCo.

4.3.4 Kritische Würdigung und rechtliche Rahmenbedingungen

Die Gestaltung von Produktverpackungen steht derzeit stark in der Kritik. Dabei geht es jedoch vor allem um die visuelle und lediglich zu Teilen um deren haptische Gestaltung. 53 Prozent der Befragten einer aktuellen Studie gaben an, dass sie sich von der bildhaften Gestaltung von Verpackungen häufig in die Irre geleitet fühlen, da ihre Erwartungen an das Produkt nicht erfüllt wurden. Des Weiteren erklärten sie, dass sie die darauf angebrachten Inhaltsangaben häufig nicht lesen und zudem größtenteils nicht verstehen konnten.[193] Unternehmen sollten daher insbesondere unter Berücksichtigung der aktuellen Nachfragetendenzen im LEH nicht ausschließlich die affektive Komponente der Verpackung berücksichtigen, sondern auch ihre Informationsfunktion. Die Haptik von Produktverpackungen steht wiederum vor allem hinsichtlich ihrer Größe in der Kritik. Dabei wird bemängelt, dass diese nicht bei allen Produkten auf den wirklichen Inhalt schließen lasse, da Verpackungen zum Teil einen hohen Luftanteil aufweisen.[194] Bezüglich der Gestaltung von Displays lässt sich wiederum, bis auf das dargestellte Risiko des „Crowdings", noch keine grundsätzliche Kritik erkennen.

Das Gesetz ist bezüglich der haptischen Gestaltung von Verpackungen relativ offen und formuliert in Bezug auf die Größe lediglich, dass sie auf ein „Mindestmaß" begrenzt werden soll und hinsichtlich des Abfüllvolumens vom Verbraucher akzeptiert werden muss.[195] Bezüglich der Kennzeichnung der Etiketten gilt die Lebensmittelkennzeichnungsverordnung, welche in § 3 die wesentlichen Elemente und die Kennzeichnungsart bestimmt. Demnach müssen alle Zutaten, ein Mindesthaltbarkeitsdatum sowie der Hersteller aufgeführt sein. Ferner muss die Kennzeichnung dieser Elemente an gut lesbaren Stellen sowie in einer lesbaren Schrift angebracht werden.[196] Sonstige rechtliche Begrenzungen bezüglich der Gestaltung haptischer Elemente gibt es jedoch nicht. Markenrechtlich lässt sich eine besondere Oberflächengestaltung von Produkten oder Werbemitteln grundsätzlich als Tastmarke schützen. Der Bundesgerichts-

---

[193] Vgl. Kreutz, H. (2014).
[194] Vgl. Geiger, K. (2011).
[195] Vgl. § 12 Nr. 1 VerpackV.
[196] Vgl. § 3 LKMV.

hof grenzt dies jedoch insofern ein, als dass die besonderen Oberflächeneigenschaften objektiv genau beschrieben werden müssen. Die Beschreibung des subjektiven Tastgefühls sowie die Abbildung des Objekts reichen folglich nicht aus, um eine Tastmarke zu schützen.[197]

4.4 Visuelle Kommunikation

4.4.1 Wahrnehmung und Wirkung für den Konsumenten

Der visuelle Sinn ist der stärkste des Menschen und nimmt über die Augen rund 83 Prozent aller Umgebungsinformationen wahr.[198] Visuelle Reize treffen als Lichtgebilde zunächst auf die Pupille, welche sich je nach Stärke des Lichteinfalls weitet oder verkleinert. Die Linse wiederum schärft die eintreffenden Bilder und leitet sie an die Retina weiter, wo bereits ein konkretes Bild entsteht. Dieses wird als elektrisches Signal über optische Nerven zur weiteren Verarbeitung an den Okzipitallappen weitergeleitet, welcher sie mit bereits vorhandenen Informationen abgleicht und verknüpft.[199] Bei der Betrachtung von Gesichtern wird hingegen die Amygdala aktiviert.[200] Die Geschwindigkeit der Reizverarbeitung ist für visuelle Reize aufgrund der Geschwindigkeit des Lichts deutlich schneller als für die weiteren Modalitäten, weshalb bekannte Bilder und die damit verknüpften Informationen rasch wiedererkannt werden. Dies hat zur Folge, dass non-verbale Informationen vom Menschen gegenüber verbalen präferiert werden.[201]

Zu den grundlegenden Eigenschaften visueller Sinnesreize gehören Farben, Formen, Raum und Bewegung. Insbesondere Farben sind bezüglich der Wirkung auf den Menschen von großer Bedeutung und beeinflussen zudem die Wahrnehmung der weiteren visuellen Sinneseindrücke (Vgl. Tab. 3), weshalb sie im weiteren Verlauf vertiefend betrachtet werden.[202] Farben haben einen großen Einfluss auf das vegetative Nervensystem des Menschen, sind mit As-

---

[197] Vgl. Steiner, P. (2011), S. 160.
[198] Vgl. Lindstrom, M. (2010), S. 85.
[199] Vgl. Hultén, B. ; Browens, N. ; van Dijk, M. (2009), S. 90.
[200] Vgl. Raab, G. ; Gernsheimer, O. ; Schindler, M. (2009), S. 176.
[201] Vgl. Steiner, P. (2011), S. 84.
[202] Vgl. Springer, C. (2008), S. 51 ff.

soziationen verknüpft und können daher stark emotionalisieren.[203] Darüber hinaus haben sie, wie bereits dargestellt, Einfluss auf die Wahrnehmung haptischer und gustatorischer Sinnesreize. Bezüglich der physiologischen Wirkung von Farben ist unter anderem bekannt, dass Rot den Organismus erregt, während Blau sich beruhigend auswirkt und daher von den meisten Menschen bevorzugt betrachtet wird. Gelb wirkt sich wiederum aufgrund seiner hohen Helligkeit am stärksten auf die Aufmerksamkeit des Betrachters aus.[204] Farben sind mit verschiedenen Assoziationen verbunden, welche sich je nach Kontext, in dem sie wahrgenommen werden, unterscheiden. Sie können somit verschiedene emotionale Reaktionen auslösen. Rot kann beispielsweise mit Blut und Liebe assoziiert werden und somit einerseits negative Gefühle auslösen, aber andererseits auch stark positive. Darüber hinaus hat die Kombination mehrerer Farben einen Einfluss auf die Farbwirkung. Rot und Orange werden gemeinsam etwa mit Wärme und Leidenschaft in Verbindung gebracht.[205]

Farbwirkung/ Assoziative Symbolik	visuelle Sinneseindrücke						
	Farbe		Form	Raum		Bewegung	
aktivierend, dynamisch, erregend/ Dynamik, Kraft, Liebe	Rot	warm	eckig (Quadrat)	groß	nah	schnell	
anregend, warm, offen/ Energie, Freude, Wärme	Orange		eckig (Trapez)				
heiter, anregend, jung/ Sonne, Eifersucht, Neid	Gelb		eckig (Dreieck)				
natürlich, gesund, beruhigend/ Natur, Hoffnung, Sicherheit	Grün		eckig (Dreieck)				
ernsthaft, kühl, ruhig/ Ferne, Atmosphäre, Reife	Blau		rund (Kreis)				
melancholisch, würdevoll, mystisch/ Buße, Würde, Magie	Violett	kalt	rund (Ellipse)	klein	fern	langsam	

Tab. 3: Ausgewählte Wirkungsweisen visueller Sinneseindrücke
Quelle: Springer, C. (2008, S. 58).

Welche Farben vom Betrachter bevorzugt werden, ist abschließend stark vom Alter und Geschlecht abhängig. Begründet wird dies zum einen dadurch, dass mit steigendem Alter die Intensität der Farbwahrnehmung abnimmt und Farben

---

[203] Vgl. Hultén, B. ; Browens, N. ; van Dijk, M. (2009), S. 96.
[204] Vgl. Solomon, M. R. (2013), S. 68 ff.
[205] Vgl. Bartel, S. (2003), S. 41 ff.

blasser erscheinen und zum anderen dadurch, dass Männer eine schlechter ausgeprägte Farbwahrnehmung haben als Frauen. Ältere Menschen bevorzugen daher eher einfache, helle Farbe (insb. Weiß), während jüngere ausgefallene Farben favorisieren. Helle, intensive Farben (u. a. Grün und Gelb) finden wiederum Zustimmung bei Frauen, während Männer eher dunkle Farben vorziehen (u. a. Schwarz und Dunkelblau).[206]

4.4.2 Relevanz für das Marketing

Der visuelle Sinn hat für das Marketing traditionell eine wichtige Stellung, da er den ersten Kontakt des Konsumenten zur Marke herstellt und dadurch eine hohe Bedeutung für ihre Positionierung und zur Schaffung eines differenzierten Markenauftritts hat.[207] Es ist daher verständlich, dass Unternehmen große Teile ihrer Werbebudgets zur Schaffung einer visuellen Identität allokieren. Dazu gehören neben dem Produktdesign der Markenauftritt in den verschiedenen Kommunikationsmedien sowie am POS und die Gestaltung diverser bildlicher Markenelemente wie zum Beispiel das Logo und Schriftzüge.[208]

Insbesondere im Zuge der geringen Aufmerksamkeit der Konsumenten bezüglich Werbemaßnahmen kommt der visuellen Kommunikation eine hohe Bedeutung zu, da visuelle Reize schnell und ohne großen kognitiven Aufwand verarbeitet werden und bereits vor ihrer bewussten Wahrnehmung emotionalisieren. Diese Emotionalisierung kann wiederum in der Folge zu einer verbesserten Informationsaufnahme und -speicherung führen sowie die Einstellung gegenüber dem Produkt verbessern. Darüber hinaus prägen sich visuelle Reize stark im Gedächtnis des Rezipienten ein, wenn sie einen erkennbaren Bezug zur Marke haben, sich klar von denen der Konkurrenz differenzieren und konsistent in der Kommunikation eingesetzt werden und unterstützen somit den Aufbau innerer Markenbilder.[209] Als weiterer Vorteil visueller Reize ist die Aktivierungswirkung von Farben (insb. Rot und Gelb) zu nennen, welche es ermöglicht, die Aufmerksamkeit der Konsumenten gezielt auf spezifische Informationen zu len-

---

[206] Vgl. Solomon, M. R. (2013), S. 69; Häusel, H. G. (2012), S. 220 f.
[207] Vgl. Esch, F. R. ; Gawloski, D. ; Rühl, V. (2012), S. 26.
[208] Vgl. Lindstrom, M. (2010), S. 85.
[209] Vgl. Esch, F. R. ; Michel, M. (2009), S. 717 f.

ken.[210] Darüber hinaus können Farben aufgrund ihrer assoziativen Wirkung genutzt werden, Marken mit bestimmten emotionalen Werten zu verknüpfen.[211]

Hat ein Unternehmen eine starke visuelle Identität, kann dies insbesondere im Zuge einer Produktneueinführung von Vorteil sein, da diese, wenn eine erkennbare Verbindung zur Dachmarke besteht, von der Bekanntheit dieser profitiert und daher schneller akzeptiert wird.[212] Es bleibt jedoch festzuhalten, dass die steigende Menge visueller Markenbotschaften, welchen die Konsumenten täglich ausgesetzt sind, dazu führt, dass die Komplexität der Entwicklung einer visuellen Identität zunimmt.[213]

4.4.3 Gezielte Einsatzmöglichkeiten am POS

4.4.3.1 Digital Signage

Digital Signage (DS) gehört zu den neuen Formen des POS Marketings und beinhaltet diverse Medien wie Projektionen und In-Store TV. Letzterem kommt aufgrund der vielfältigen Einsatzmöglichkeiten die größte Bedeutung zu.[214] Bezüglich der Werbewirkung ist jedoch anzumerken, dass die Bekanntheit und somit auch die Relevanz von In-Store TV noch nicht sehr ausgeprägt sind, was der Tatsache geschuldet ist, dass ein professioneller Einsatz bisher lediglich bei Real möglich ist.[215] Dennoch bietet es angesichts der hohen Beeinflussungsintensität ein starkes Potential für zukünftige Werbemaßnahmen am POS.[216]

Ein DS-System besteht aus wenigen technischen Standardkomponenten, weshalb die Kosten dafür überschaubar sind. Der Bildschirm ist der Hauptbestandteil und sollte möglichst groß und flimmerfrei sein, damit Farben und Bilder realitätsgetreu dargestellt werden. Zudem muss eine Verbindung zu einem Computer mit Internetzugang bestehen, auf welchem die Programminhalte mittels spezieller Software vorbereitet werden.[217] Diese ermöglicht es, Inhalte an Tageszeiten anzupassen und kurzfristig zu aktualisieren, wodurch eine präzise Ziel-

---

[210] Vgl. Kröber-Riel, W., Gröppel-Klein, A. (2013), S. 85
[211] Vgl. Bartel, S. (2003), S. 41.
[212] Vgl. Hultén, B. ; Browens, N. ; van Dijk, M. (2009), S. 88.
[213] Vgl. Lindstrom, M. (2010), S. 23.
[214] Vgl. Walsh, G. et al. (2012), S. 697.
[215] Vgl. Produkt + Markt (Hrsg.) ; UGW Communication (Hrsg.), (2012), S. 28 ff.
[216] Vgl. Ebd., S. 86 ff.
[217] Vgl. Fringes, A. (2008), S. 97 ff.

gruppenansprache stattfinden kann und Streuverluste von Werbebotschaften reduziert werden.[218]

Um eine aufmerksamkeitsstarke Wirkung von DS-Systemen zu realisieren, sollten einige Kriterien beachtet werden. Die Platzierung des Bildschirms ist so zu wählen, dass dieser im Blickfeld der Konsumenten liegt und die dargestellten Inhalte thematisch zur Umgebung passen. Die Informationen sollten zudem kurz und prägnant sein und möglichst bildhaft präsentiert werden, da sie in der Regel mit geringer Aufmerksamkeit, im Vorbeigehen betrachtet werden.[219] Spielen die Bildschirme einen Ton ab, kann dieser die Aufmerksamkeit der Konsumenten erhöhen.[220] Dabei gilt es zu beachten, dass dadurch reaktante Einstellungen ausgelöst werden können, weshalb lediglich 40 Prozent der eingesetzten DS-Systeme einen Ton abspielen. Alternativ können zur Steigerung der Aufmerksamkeit Duftsensoren zum Einsatz kommen, welche Düfte verströmen, die mit den dargestellten Szenen interagieren.[221] Werden diese von den Konsumenten als angenehm empfunden, steigert dies die Emotionalität und zudem die Erinnerbarkeit der erlebten visuellen Eindrücke.[222] Darüber hinaus können Bildschirme in Shop-in-Shop-Systeme integriert werden, wodurch die Unabhängigkeit vom Handel erhöht und die Inhalte direkt an der Ware kommuniziert werden.[223]

Der französische Süßwarenhersteller Ferrero hat die Relevanz von Digital Signage erkannt und integriert Bildschirme in seine Shop-in-Shop-Systeme. Die inhaltliche Gestaltung ist dabei einfach und wird dominiert von bildhaften Informationen, welche in konsequenter Weise Schlüsselreize darstellen. Die kurzen Texte, welche gleichzeitig abgebildet werden, unterstützen die visuellen Bilder, indem sie Bezug darauf nehmen. Sie führen dadurch zu einem verbesserten Verständnis der Werbebotschaft.[224] Zudem ist die Farbgestaltung aktivierend und orientiert sich an der Identität der einzelnen Marken, weshalb ein schneller

---

[218] Vgl. Dräger, P. (2011), S. 209 f.
[219] Vgl. Ebd., S. 240.
[220] Vgl. Steiner, P. (2009), S. 76.
[221] Vgl. Kaupp, M. (2010), S. 84.
[222] Vgl. Lindstrom, M. (2009), S. 147.
[223] Vgl. Kaupp, M. (2010), S. 117.
[224] Vgl. Esch, F. R. ; Michel, M. (2009), S. 718.

Bezug zu diesen hergestellt werden kann. Negativ bleibt jedoch anzumerken, dass der Kontrast zwischen Schriftfarbe und Hintergrundgestaltung zu gering ist (insb. beim Wort „Augenblick"), weshalb der Text für Konsumenten schwerlich zu lesen ist.

Abb. 10: Digital Signage am Beispiel Ferrero
Quelle: Eigenes Foto (Rewe, Neu-Isenburg, 14.03.2014).

4.4.3.2 Dekorationsaufsteller

Aufsteller sind dekorative Werbeelemente, welche über Produkte informieren oder spezifische Aktionen ausloben.[225] Sie können wie Displays von Unternehmen dazu genutzt werden, um haptische, visuelle sowie olfaktorische Eindrücke zu vermitteln. Aufsteller gehören zu den bekanntesten und am weitesten verbreiteten Formen imagebildender Maßnahmen am POS und können bei allen großen Einzelhändlern im LEH bis auf Kaufland platziert werden.[226] Zusätzlich zu ihrer hohen Bekanntheit haben Aufsteller eine starke Wirkung auf das Kaufverhalten der Konsumenten. 19 Prozent der Befragten einer deutschlandweiten Studie gaben an, dass sie bereits von diesen zu einem Kauf angeregt wurden. Die Intensität der Beeinflussung stuften 50 Prozent der Befragten als stark bis

---

[225] Vgl. con.pac Systems (Hrsg.), (o. J.).
[226] Vgl. Produkt + Markt (Hrsg.) ; UGW Communication (Hrsg.), (2012), S. 28 ff.

sehr stark ein. Lediglich 15 Prozent der Konsumenten fühlten sich nicht von Aufstellern angesprochen.[227]

Im Vergleich zu Displays bieten Aufsteller einen größeren Gestaltungsspielraum, da sie in der Regel keine Ware tragen und aus Pappe gebaut werden, weshalb ihre Form freier gestaltet werden kann. So ist es beispielsweise möglich, diese entsprechend des Produktdesigns oder bekannter Markensymbole anzufertigen.[228] Dies kann dazu genutzt werden, optische Besonderheiten des Produktes herauszustellen, um sie im Gedächtnis der Konsumenten zu verankern. Bezüglich weiterer Gestaltungselemente wie beispielsweise Oberflächenstruktur, Farbigkeit und Dufteinsatz gelten für Aufsteller die gleichen Kriterien wie für die in Kapitel 4.3.3.2 dargestellten Displays.

Wie bei den Displays ist darauf zu achten, dass Aufsteller nicht zu groß gestaltet werden, da es ansonsten zum beschriebenen „Crowding-Effekt" kommen kann. Ferner sind visuelle sowie haptische Elemente passend zueinander zu wählen. Darüber hinaus ist festzuhalten, dass die Gestaltung hauptsächlich bildhaft erfolgen sollte, da dies in Kombination mit der Größe des Aufstellers zu einer erhöhten Aufmerksamkeit des Betrachters führt, wodurch gleichzeitig abgebildete Texte und Logos besser erinnert werden können.[229]

Für die Einführung einer neuen Eisteesorte hat man für die Marke Lipton einen etwa zwei Meter hohen Aufsteller entwickelt, welcher in der Form sowie in der Farbigkeit der Originalflasche gestaltet ist.[230] Dies hat mehrere positive Effekte im Rahmen der Produktneueinführung. Zunächst kann durch die Größe des Aufstellers sowie die gelbe Farbe des Logos tendenziell eine erhöhte Aufmerksamkeit der Konsumenten in Bezug auf die Werbemaßnahme realisiert werden.[231] Des Weiteren können die Konsumenten mithilfe des aktivierend gestalteten roten Störers gut über die besondere Produkteigenschaft „Sparkling mit Kohlensäure" informiert werden. Darüber hinaus sind die haptischen Elemente

---

[227] Vgl. Ebd., S. 87 ff.
[228] Vgl. Spot Display (Hrsg.), (o. J.).
[229] Vgl. Kröber-Riel, W. ; Gröppel-Klein, A. (2013), S. 347.
[230] Die Informationen zu Größe, Form und Farbigkeit entstammen aus meiner Tätigkeit im Marketing von PepsiCo.
[231] Vgl. Esch, F. R. ; Michel, M. (2009), S. 721.

der Verpackung deutlich herausgestellt. In Verbindung mit der erhöhten Aufmerksamkeit kann dies dazu führen, dass die Verpackung von den Konsumenten im Regal schnell erkannt wird.[232]

Abb. 11: Dekorationsaufsteller am Beispiel Lipton
Quelle: Eigene Darstellung.

4.4.4 Kritische Würdigung und rechtliche Rahmenbedingungen

Aus gesellschaftlicher Sicht existieren, bis auf die optische Gestaltung von Produktverpackungen, keine allgemeinen Kritikpunkte an der Kommunikation über visuelle Reize. In Anbetracht der Werbewirkung formulieren einige Wissenschaftler jedoch Kritik an der Ansprache des optischen Sinns. In der stetigen Kommunikation mit Bildern wird die Ursache für die Informationsüberlastung der Konsumenten gesehen.[233] Begründet wird dies mit der steigenden Menge visueller Reize, die täglich verarbeitet werden, bei zugleich gleichbleibenden begrenzten kognitiven Kapazitäten. Daher wird argumentiert, dass die visuelle Reizaufnahme im zunehmenden Maße selektiv erfolgt und ein großer Teil der Informationen nicht wahrgenommen wird.[234]

---

[232] Vgl. Solomon, M. R. (2013), S. 80 f.
[233] Vgl. Steiner, P. (2011), S. 84.
[234] Vgl. Lindstrom, M. (2010), S. 85.

Ein weiterer Nachteil der bildhaften Kommunikation liegt in der nur geringfügig vorhandenen markenrechtlichen Schutzfähigkeit. Lediglich Markenlogos und Szenen, welche das Produkt im Mittelpunkt einer Abfolge von Bildern haben, können beim Deutschen Patent- und Markenamt gemeldet werden. Ursächlich dafür ist die fehlende Unterscheidungskraft der meist generischen Bilder (z. B. Landschaften).[235] Folglich ist es möglich, dass mehrere Unternehmen die gleichen Bilder für die Kommunikation ihrer Marken nutzen, wodurch deren Wiedererkennungswert sinkt. Es ist daher umso relevanter, dass bei der Gestaltung visueller Elemente darauf geachtet wird, dass diese von den Konsumenten im Markenkontext verstanden werden.[236]

4.5 Akustische Aktivierung

4.5.1 Wahrnehmung und Wirkung für den Konsumenten

Der Hörsinn kann als „sozialer" Sinn beschrieben werden, da er für die zwischenmenschliche Kommunikation sowie für die Entwicklung von Sprache unerlässlich ist.[237] Akustische Reize sind, physikalisch betrachtet, Schallwellen, welche über die Luft transportiert und vom Ohr aufgenommen werden.[238] Für den Menschen hörbar sind dabei Schallwellen, welche sich im Bereich zwischen 20 und 20.000 Hz befinden.[239] Kleinste Knochen, welche im Gehörgang liegen, werden von den Schallwellen in Schwingungen versetzt und übertragen diese an eine Flüssigkeit im Innenohr. Dort befinden sich etwa 24.000 Haarzellen, welche die Schwingungen aufnehmen und als elektrische Impulse an den Hörnerv weiterleiten.[240] Bevor sie abschließend an die Großhirnrinde gesendet werden, werden sie, je nach Höhe der ihr zukommenden Aufmerksamkeit, gefiltert, wodurch es dem Menschen möglich wird, sich auf bestimmte Klänge zu fokussieren.[241] Die Interpretation der verbleibenden akustischen Reize findet abschließend im Temporallappen statt.[242]

---

[235] Vgl. Steiner, P. (2011), S. 154 ff.
[236] Vgl. Kröber-Riel, W. ; Gröppel-Klein, A. (2013), S. 168 f.
[237] Vgl. Haug, A. (2012), S. 32.
[238] Vgl. Warmbier, W. (2008), S. 132.
[239] Vgl. Steiner, P. (2009), S. 22.
[240] Vgl. Hultén, B. ; Browens, N. ; van Dijk, M. (2009), S. 69.
[241] Vgl. Derouiche, A. (2011), S. 23; Veranschaulichen lässt sich dies am sog. „Cocktailparty-Phänomen": Eine solche Party ist in der Regel gefüllt mit einer Vielzahl an Geräuschen. Musik

Akustischen Reizen, insbesondere musikalischen, wird die Fähigkeit zugesprochen, Emotionen sowie Assoziationen hervorzurufen und eine Veränderung des Gemütszustands sowie des Verhaltens des Menschen zu bewirken. Die emotionale Wirkung von Klängen wird maßgeblich von der Ausprägung struktureller Klangeigenschaften bestimmt und ist innerhalb eines Kulturkreises relativ stabil (Vgl. Tab. 4).[243] Darüber hinaus haben allerdings weitere Faktoren wie beispielsweise die Neuartigkeit der Musik sowie die akute Befindlichkeit und die musikalische Prägung des Hörenden einen Einfluss auf die emotionale Wirkung, da diese maßgeblich auf das subjektive Gefallen von Musik einwirken.[244] Zudem ist die affektive Wirkung abhängig vom Kontext, in dem die Klänge verarbeitet werden. Ist dieser positiv aufgeladen, so erhalten Klänge eine tendenziell bessere Bewertung.[245]

Musikalisches Element	Emotionaler Ausdruck			
	glücklich	gelassen	aufregend	traurig
Tonart	Dur	Dur	Dur	Moll
Tempo	schnell	langsam	schnell	langsam
Tonhöhe	mittel/ hoch	mittel	mittel	niedrig
Rhythmus	fließend	fließend	unregelmäßig	gleichbleibend
Harmonie	konsonant	konsonant	dissonant	dissonant
Lautstärke	mittel	leise	laut	weich

Tab. 4: Einfluss der Klangstruktur auf die ausgelöste Emotion
Quelle: In Anlehnung an Salzmann, R. (2007, S. 58); Steiner, P. (2009, S. 77).

Die assoziative Wirkung akustischer Reize ergibt sich wiederum daraus, dass Klänge immer mit bestimmten Bedeutungen und inneren Bildern verknüpft sind. Diese Verknüpfung kann universell immanent sein (z. B. Vogelzwitschern) oder lediglich für bestimmte gesellschaftliche Gruppen (z. B. Punk-Rock) oder gar nur für einzelne Individuen, welche die Klänge mit ganz bestimmten (insb. posi-

---

wird gespielt und die Gäste unterhalten sich. Dennoch können sich die Gäste auf ihre Gespräche fokussieren und die Umgebungsgeräusche weitestgehend ausblenden. Wird jedoch der eigene Name in einem anderen Gespräch genannt, richtet sich die Aufmerksamkeit augenblicklich auf dieses Gespräch. (Vgl. Kröber-Riel, W. ; Gröppel-Klein, A. (2013), S. 62).
[242] Vgl. Beck, H. (2013), S. 30.
[243] Vgl. Salzmann, R. (2007), S. 55 ff.
[244] Vgl. Steiner, P. (2011), S. 27.
[245] Vgl. Bruhn, H. (2007), S. 24 f.

tiven) Ereignissen und Emotionen verbinden. Die Ausführungen zu der emotionalen sowie assoziativen Wirkung von Klängen verdeutlichen, dass durch Klänge ausgelöste Emotionen sowie Assoziationen eng miteinander verbunden sind, weshalb eine klare Trennung nicht immer möglich ist.[246]

Der Gemütszustand sowie das Verhalten des Hörenden werden insbesondere vom Klangtempo beeinflusst. Langsame, fließende Tonfolgen, welche mit dem emotionalen Ausdruck „gelassen" verbunden werden, haben beispielsweise eine entspannende Wirkung auf den Organismus und veranlassen den Hörenden in der Regel dazu, sich länger an einem Ort aufzuhalten.[247]

4.5.2 Relevanz für das Marketing

Akustische Reize haben für Konsumenten nach visuellen und olfaktorischen Reizen die dritthöchste Relevanz in der Beurteilung ihrer Umgebung und gelten seit langem als etablierte Bestandteile der Markenkommunikation. Dennoch werden sie erst seit wenigen Jahren als strategische Bestandteile der Markenbildung anerkannt.[248] Ähnlich wie visuelle Reize können Klänge in allen Kommunikationskanälen eingesetzt werden, wodurch es Unternehmen möglich wird, durch eine häufige Wiederholung, eine starke Markenidentität aufzubauen und die Konsumenten an die Marke zu binden. Dabei sollte jedoch beachtet werden, dass akustische Markenelemente möglichst kurz gestaltet werden, da sie mit steigender Länge seltener wiederholt werden können.[249] Darüber hinaus sollten akustische Elemente zur Positionierung der Marke passen, damit sie der bestehenden Zielgruppe gefallen.[250]

Vor allem die Nutzung von Musik und Stimmen bietet einige Chancen für das Marketing. Musik hat, je nach Gestaltung der Klangstruktur, einen starken Einfluss auf die Aktivierung der Konsumenten, was dazu führt, dass die Inhalte musikalisch hinterlegter Werbemaßnahmen besser erinnert werden können. Darüber hinaus zeigen sich Konsumenten gegenüber Werbemaßnahmen, welche mit bekannten Musikstücken hinterlegt sind, offener, da sie diese als ange-

---

[246] Vgl. Salzmann, R. (2007), S. 55 ff.
[247] Vgl. Hultén, B. ; Browens, N. ; van Dijk, M. (2009), S. 75 f.
[248] Vgl. Lindstrom, M. (2005), S. 69; Groves, J. (2007), S. 40.
[249] Vgl. Warmbier, W. (2008), S. 139; Hultén, B. ; Browens, N. ; van Dijk, M. (2009), S. 70.
[250] Vgl. Groves, J. (2007), S. 45.

nehm empfinden.[251] Stimmen können wiederum zur Entwicklung einer Marken-persönlichkeit beitragen und diese beispielsweise freundlich oder vertrauens-würdig erscheinen lassen. Darüber hinaus ermöglichen sie es, vordefinierte Markengeschichten zu erzählen und somit der Gefahr von Fehlinterpretationen seitens der Konsumenten zu umgehen, weshalb sie ein geeignetes Mittel sind, um eine klare Markenidentität zu entwickeln.[252]

4.5.3 Gezielte Einsatzmöglichkeiten am POS

4.5.3.1 In-Store Radio

In-Store Radio kann als Medium zur akustischen Raumgestaltung definiert wer-den, mit dem Ziel der Verbesserung der Einkaufsatmosphäre sowie der Infor-mation der Konsumenten über bestehende sowie neue Produkte.[253] Die kom-munikationspolitische Relevanz von In-Store Radio ergibt sich zum einen aus der hohen Reichweite dieses Mediums, welche aus der starken Verbreitung im LEH entspringt, sowie zum anderen aus der räumlichen und zeitlichen Nähe zur tatsächlichen Kaufentscheidung. Letzteres führt dazu, dass Produkte, welche über In-Store Radio beworben werden, im Vergleich zu Märkten ohne In-Store Radio um durchschnittlich 18 Prozent stärker verkauft werden.[254]

Zu den technischen Komponenten von In-Store Radio Systemen gehören Ver-stärker, Lautsprecher und je nach Bedarf auch Mikrofone, welche für Laden-durchsagen genutzt werden können. Zudem werden für den Empfang von Da-ten spezielle Empfänger benötigt, welche sich je nach Art der bevorzugten Da-tenübertragung (Satellit oder Datenleitung) unterscheiden. Die Inhalte werden von externen Produktionsfirmen (u. a. Echion, Radio-POS, andré media) erstellt und setzen sich aus einer Mischung von Musik, Nachrichten sowie handelsspe-zifischen Informationen und Produktwerbung zusammen. Darüber hinaus kön-nen Mitarbeiterinformationen integriert werden.[255]

---

[251] Vgl. Steiner, P. (2009), S. 79.
[252] Vgl. Hultén, B. ; Browens, N. ; van Dijk, M. (2009), S. 72 ff.
[253] Vgl. Haug, A. (2012), S. 177 f.
[254] Etwa 73 Prozent aller Verkaufsräume mit einer Fläche von über 400 m^2 (exkl. Discounter) sind mit In-Store Radio Anlagen ausgestattet. (Vgl. Magma Media (Hrsg.), (2012), S. 9 ff.).
[255] Vgl. Radio P.O.S. (Hrsg.), (o. J.).

Um eine möglichst hohe Kommunikationswirkung über In-Store Radio zu erzielen, sind einige Kriterien zu berücksichtigen. Zuallererst sollte eine Analyse des Kaufverhaltens der Zielgruppe erfolgen, um zu ermitteln, zu welchen Zeiten sich relevante Käuferschaften im Geschäft befinden. Dies ermöglicht es, die Inhalte zeitlich so zu planen, dass Streuverluste vermieden werden.[256] Zudem wird die Wahrscheinlichkeit erhöht, dass Inhalte der Hörerschaft gefallen und positive Emotionen ausgelöst werden. Des Weiteren sollte die Werbung akustische Elemente beinhalten, welche in weiteren Kommunikationsmedien außerhalb der Verkaufsstelle genutzt werden. Dies unterstützt die assoziative Wirkung akustischer Reize und führt dazu, dass die Marke medienübergreifend gleich wahrgenommen und besser erinnert wird.[257]

Eine Studie von Goldbach Media in Zusammenarbeit mit der Schweizer Supermarktkette Coop und dem Süßwarenhersteller Mondelez aus dem Jahr 2013 zeigt die starke Wirkung von In-Store Radio Werbung auf den Umsatz und beweist, dass diese auch nachhaltig sein kann. Die Studie beschäftigte sich mit den Produkten der Linie Milka Snax und wurde in zwei Teile gefasst.[258] Beide Teilstudien kamen zu dem Ergebnis, dass der Umsatz im Erhebungszeitraum nahezu verdoppelt werden konnte. Darüber hinaus wurde festgestellt, dass der Umsatz auch in den drei Wochen nach der Werbemaßnahme über dem Niveau der Vorperiode lag.[259]

---

[256] Vgl. Haug, A. (2012), S. 177 f.
[257] Vgl. Groves, J. (2009).
[258] Die Produktlinie hat vier Sorten, welche unterschiedlich stark distribuiert sind. Alle vier Sorten sind in 320 Filialen verfügbar. Diese Filialen stellen den ersten Teil der Analyse dar. Die stärkste Sorte ist in allen 761 Märkten distribuiert. Daher befasst sich der zweite Teil der Studie mit der Wirkungsanalyse für diese Sorte. Der Erhebungszeitraum für beide Teilstudien war die Kalenderwoche 43 im Jahr 2013. Die durchschnittlichen Umsätze der drei Vorwochen dienten als Vergleichsbasis. (Vgl. Goldbach Media (Hrsg.), (2014), S. 2).
[259] Vgl. Ebd., S. 3f.

4.5.3.2 Audio-Spotlight

Der Audio-Spotlight ist eine Technologie aus den USA, welche in Deutschland als Richtlautsprecher bezeichnet wird.[260] Solche Lautsprecher ermöglichen es, eng eingegrenzte Bereiche im Verkaufsraum zu beschallen, um Umgebungsgeräusche zu reduzieren und lediglich solche Konsumenten mit Werbung anzusprechen, welche sich ohnehin für ein bestimmtes Produkt oder eine Warengruppe interessieren.[261] Dies hat einen starken Effekt auf das Kaufverhalten der Konsumenten. In Studien wurde festgestellt, dass Werbebotschaften, welche über Richtlautsprecher kommuniziert werden, bis zu 80 Prozent der Konsumenten in ihrem Kaufverhalten beeinflusst haben.[262] Für den Handel bietet sich zudem die Möglichkeit, mehrere Botschaften zur selben Zeit zu kommunizieren, ohne dabei eine Überlagerung von Geräuschen zu erzeugen, was zu einem großen Umsatzpotential für die Verkaufsstelle führt.[263]

Anders als gewöhnliche Lautsprecher nutzen Richtlautsprecher hochfrequenten Ultraschall, welcher außerhalb des hörbaren Bereichs des Menschen liegt. Dieser zeichnet sich durch die Besonderheit aus, dass er sehr kleine sowie kurze Wellen schlägt, wodurch sich der Schall in einem schmalen Winkel ausbreitet und auch mit kleinen Lautsprechern genau gesteuert werden kann. Der Ton wird dabei nicht wie bei üblichen Lautsprechern in einer Membran im Lautsprecher entwickelt, sondern entsteht durch die Überlagerung unterschiedlich frequenter Schallwellen in der Luft. Zudem wird die Luft in starke Schwingungen versetzt, wodurch der Klang für den Menschen hörbar wird.[264]

Die Gestaltung der Kommunikation über Richtlautsprecher sollte den gleichen Kriterien wie für In-Store Radio folgen. Darüber hinaus ist es ratsam, den Konsumenten auf die Beschallung aufmerksam zu machen (z. B. über Bodensticker), bevor sie eintritt, da diese Form der akustischen Kommunikation als sehr intim und persönlich wahrgenommen wird und die Konsumenten stark überra-

---

[260] Vgl. Traufetter, G. (2013), S. 80.
[261] Vgl. Pompei, J. F. (2009), S. 54 ff.
[262] Vgl. CPM Austria (Hrsg.), (2011).
[263] Vgl. Pompei, J. F. (2009), S. 56.
[264] Vgl. Fischetti, M. ; Gerl, B. (2010), S. 86.

schen kann.[265] Dies kann bei einer zu intensiven Gestaltung der Klänge zu einer Überaktivierung führen, was in einer panikartigen Reaktion münden und zur Folge haben kann, dass sich die Konsumenten von der Werbemaßnahme entfernen.[266] Zudem sollte bei der Platzierung des Lautsprechers darauf geachtet werden, dass sich keine Gegenstände im Schallstrahl befinden, da diese den Schall reflektieren und ein hörbares Geräusch erzeugen.[267] Andererseits kann diese Eigenschaft gezielt für die Kommunikation eingesetzt werden, um beispielsweise die Illusion zu erzeugen, dass Produktverpackungen sprechen oder Musik abspielen.[268]

Ein gutes Umsetzungsbeispiel liefert das „Fair-Trade" Unternehmen All Good. In Zusammenarbeit mit der Marketingagentur Ogilvy wurde in einem neuseeländischen Supermarkt ein Audio-Spotlight direkt oberhalb einer Auslage ihrer Bananen installiert. Zudem wurde als Hinweis ein Bodensticker platziert. Konsumenten, die in den Ultraschall-Strahl liefen, hörten eine ruhige Frauenstimme, welche sich den Konsumenten als „innere Vernunft" vorstellte. Diese informierte sie über die Vorteilhaftigkeit der Produkte und bat sie darum, sich die Bananen genauer anzuschauen. Ein Video, welches während des Tests aufgenommen wurde, lässt erkennen, dass sich die Konsumenten der Werbemaßnahme gegenüber offen und interessiert zeigen und mit der Ware interagieren, während sie der Stimme zuhören. Folglich konnten durch diese Maßnahme drei Sinne (Hören, Sehen, Tasten) der Konsumenten angesprochen werden. Die hohe Umsatzsteigerung von 130 Prozent im Erhebungszeitraum unterstreicht die positive Wirkung dieses Werbemediums.[269]

---

[265] Vgl. Traufetter, G. (2013), S. 81.
[266] Vgl. Kröber-Riel, W. ; Gröppel-Klein, A. (2013), S. 86 f.
[267] Vgl. Fischetti, M. ; Gerl, B. (2010), S. 86.
[268] Vgl. Pompei, J. F. (2009), S. 68.
[269] Vgl. Ogilvy New Zealand (Hrsg.), (2011).

Abb. 12: Audio-Spotlight am Beispiel All Good
Quelle: Ogilvy New Zealand (Hrsg.), (2011).

4.5.4 Kritische Würdigung und rechtliche Rahmenbedingungen

Trotz intensiver Recherche konnte keine allgemeine gesellschaftliche Kritik an der Nutzung akustischer Reize in der Markenkommunikation festgestellt werden. In der wissenschaftlichen Literatur sind jedoch einige kritische Meinungen vernehmbar. So wird argumentiert, dass die genutzte Musik häufig austauschbar ist und sie daher nicht zur Marken- bzw. Verkaufsstellendifferenzierung beitragen kann.[270] Zudem wird angemerkt, dass die akustischen Inhalte bisher vielfach so gestaltet werden, dass sie dem Konsumenten zwar gefallen, allerdings nicht im Markenkontext verstanden werden und somit nicht zum Aufbau einer Markenidentität beitragen können.[271] Abschließend ist zu erwähnen, dass Klänge mit Bedacht angewandt werden sollten, da eine zu häufige Wiederholung von Botschaften zu einer ablehnenden Haltung des Konsumenten führen kann.[272]

In rechtlicher Hinsicht ist zu beachten, dass bereits veröffentlichte Musik durch das Urheberrecht geschützt ist. Unternehmen, welche diese Musik nutzen wollen, müssen ein Entgelt an den Urheber zahlen und die Nutzung mit diesem in

---

[270] Vgl. Salzmann, R. (2007), S. 279.
[271] Vgl. Lindstrom, M. (2010), S. 76.
[272] Vgl. Kaupp, M. (2010), S. 84.

einem schriftlichen Vertrag vereinbaren. Die Höhe der Vergütung kann in Fällen, in denen der Urheber die Rechte eigenständig verwaltet, von den Parteien vertraglich vereinbart werden. Verwaltet eine Verwertungsgesellschaft (z. B. GEMA) die Rechte treuhänderisch, so gelten die tariflich festgelegten Gebühren.[273] Aus markenrechtlicher Sicht ist zu erwähnen, dass akustische Merkmale, welche in direkter Verbindung mit dem Unternehmen bzw. der Marke stehen, als Hörmarke geschützt werden können. Zur Eintragung einer solchen Marke in das Markenregister bedarf es einer eindeutigen sowie einzigartigen Notation für die Klangabfolge.[274]

4.6 Vorteilhaftigkeit für den Handel

Bevor multisensorische Aktionen am POS durchgeführt werden können, muss die Industrie den Handel zunächst von der Vorteilhaftigkeit dieser Aktionen überzeugen. Betrachtet man die aktuellen Marktentwicklungen, so sollten vor allem die Ausstrahlungseffekte auf die Umsatzsituation sowie auf das Image der Verkaufsstelle im Vordergrund stehen.

Mit Blick auf die Umsatzsituation des Handels kann festgehalten werden, dass Konsumenten ihre Kaufentscheidung immer später treffen und im zunehmenden Maße von Aktionen im Geschäft zum Kauf angeregt werden. Dabei haben vor allem Preisaktionen sowie emotional aktivierende POS Gestaltungen einen hohen Einfluss auf das Verhalten der Konsumenten.[275] Multisensorische Maßnahmen bieten in diesem Zusammenhang den Vorteil, dass sie eine besonders starke Wirkung auf die emotionale Aktivierung der Konsumenten haben und in hohem Maße mit ihrer Preisbereitschaft korrelieren.[276] Dem Handel wird somit die Möglichkeit geboten, dem Preiswettbewerb zu entgehen und sich durch die Unterstützung multisensorischer Herstelleraktivitäten mit einer Präferenzstrategie zu positionieren. In Bezug auf die Auswirkungen multisensorischer Maßnahmen auf das Verkaufsstellenimage kann wiederum festgehalten werden, dass sie dem Wunsch der Konsumenten nach einem erhöhten Einkaufserlebnis

---

[273] Vgl. §§ 31, 32 UrhG.
[274] Vgl. Steiner, P. (2011), S. 155.
[275] Vgl. Czech-Winkelmann, S. (2011), S. 319; Kröber-Riel, W. ; Gröppel-Klein, A. (2013), S. 491 f.
[276] Vgl. Lindstrom, M. (2005), S. 72.

entsprechen und dazu beitragen, dass Kunden den Lebensmitteleinkauf als angenehmer empfinden. Dies führt wiederum zu einer positiven Einstellung gegenüber dem Handelsunternehmen.[277]

---

[277] Vgl. Salzmann, R. (2007), S. 1.

5 Technische Entwicklungen

Im Bereich der technischen Entwicklungen sind im Moment vor allem zwei Konzepte für die Kommunikation am POS interessant. Zum einen handelt es sich um eine Anwendung, welche als Augmented Reality (AR) betitelt wird, und zum anderen um Erweiterungen von Digital Signage Anlagen, welche die Gesichtserkennung ermöglichen.

AR Anwendungen machen sich die starke Verbreitung von Smartphones zunutze und bieten die Möglichkeit, Inhalte über digitale Signaturen (i. d. R. QR Codes) auf beweglichen Gegenständen zu platzieren. Scannt der Konsument mithilfe der Kamera seines Mobiltelefons diesen Code, wird der hinterlegte Inhalt über die mobile Anwendung (App) auf dem Bildschirm dargestellt.[278] Zur kommunikativen Nutzung von AR benötigen Unternehmen eine App (Eigenentwicklung oder bereits verfügbare), speziell aufbereitete Daten, welche auf einer Datenbank hinterlegt werden, und Codes, die auf Produkte oder Werbemittel aufgedruckt sind. Fremde Apps bieten den Vorteil, dass sie zum Teil bereits viele Nutzer haben und Konsumenten keine neue App herunterladen müssen.[279] Die darstellbaren Inhalte sind vielfältig und reichen von einfachen Fotos bis hin zu interaktiven und komplexen 3-D-Modellen. Dabei ist jedoch zu berücksichtigen, dass eine steigende Komplexität der Inhalte auch steigende Kosten nach sich zieht, da passende Inhalte von spezialisierten Agenturen aufbereitet werden müssen. Da allerdings zusätzlich zu den Nutzungsgebühren bzw. Programmierungskosten von Apps und der Kosten für die Aufbereitung von Daten keine weiteren Ausgaben anfallen, ist diese Form der Kommunikation auch für kleine Unternehmen umsetzbar.[280]

Die zweite beachtenswerte technologische Entwicklung, welche aktuell bereits in Testprojekten Einsatz am POS findet, ist eine Software zur Erkennung von Gesichtern, welche die Anwendung von Digital Signage Systemen in Zukunft effizienter gestalten könnte. Sie basiert auf einer umfangreichen Datenbank, welche Informationen zu den verschiedenen Merkmalen eines Gesichts und

---

[278] Vgl. Heinemann, G. (2014), S. 80 f.
[279] Vgl. Schörner, T. (2013), S. 1.
[280] Vgl. persönliches Experteninterview am 05.02.2014.

seinen Ausprägungen beinhaltet. Durch den Abgleich der Gesichter von Konsumenten mit dieser Datenbank ist es möglich, Rückschlüsse auf Geschlecht, Alter, Größe und Stimmung der Betrachter zu ziehen.[281] Diese Informationen können dazu genutzt werden, die individuellen Konsumgewohnheiten der Betrachter zu bestimmen, um, darauf aufbauend, Werbebotschaften mit einer hohen Relevanz für den spezifischen Konsumenten zu präsentieren.[282]

---

[281] Vgl. Tischner, M. (2010), S. 40 f.
[282] Vgl. Walsh, G. et al. (2012), S. 698.

6   Beispiele aus anderen Branchen

Ein bekanntes Beispiel für multisensorisches Marketing am POS stellt die amerikanische Modefirma Abercrombie & Fitch dar. Ausgehend von einer Positionierung als junge, sexy sowie sportliche Modemarke, werden alle Geschäfte als multisensorische Markenwelten gestaltet. In diesen ist das Licht gedimmt, die Möblierung dunkel, die Musik laut und die Luft mit einem süßlich-herben Parfum versetzt, welches auch in die Kleidungsstücke eingearbeitet ist und den Konsumenten auch außerhalb des Geschäfts begleitet. Zudem wird sehr auf die Optik des Verkaufspersonals gesetzt, welches die Kundschaft zum Teil mit nacktem Oberkörper am Eingang des Geschäfts begrüßt.[283] Das Konzept ist so beliebt, dass Kunden zum Teil lange Wartezeiten vor dem Geschäft in Kauf nehmen, bevor sie in kleinen Gruppen hineingelassen werden.[284]

Ein weiteres gelungenes Beispiel für die multisensorische Gestaltung eines Verkaufsraums ist das TUI Reise-Erlebniscenter „World-of-TUI" in Berlin. Anders als traditionelle Reisebüros ist dieses so gestaltet, dass Kunden schon vor der Buchung einer Reise das Zielland multisensorisch erleben können. Besucher können sich mithilfe einer interaktiven Bibliothek, welche zahlreiche Filme und Bücher zu verschiedenen Ländern bietet, über ihren Wunschzielort informieren und an drei Duftstationen typische Düfte dieser Länder riechen. Zudem verfügt das Erlebniscenter über eine Bar mit Getränken und Speisen aus aller Welt.[285]

Ebenfalls erfolgreich setzt Starbucks sensorische Stimuli in der Gestaltung seiner Kaffees ein. Ziel ist dabei, eine Atmosphäre zu schaffen, welche die Konsumenten dazu bewegt, möglichst lange im Kaffee zu verweilen. Dazu werden beruhigende Farben wie Grün und Braun verwendet sowie ausgewählte, entspannende Musik, welche im Hintergrund läuft. Zudem werden dem Kunden komfortable Sitzmöglichkeiten angeboten sowie eine Vielzahl verschiedener Kaffeevariationen, welche jedem Geschmackstypen entsprechen. Abgerundet wird dies mit einem intensiven Kaffeegeruch, welcher durch die frische Röstung

---

[283] Vgl. Brandpulse AG (Hrsg.), (2012), S. 3 f.
[284] Vgl. Neukirchen, E. (2011), S. 1.
[285] Vgl. Steiner, P. (2011), 182 f.

der Kaffeebohnen vor Ort entsteht.[286] Mit dieser Strategie schafft es Starbucks, seinen Kaffee zu einem höheren Preis zu verkaufen als andere Kaffeehausketten und dennoch zu wachsen, wodurch die Wirkung von multisensorischen Maßnahmen auf die Preisbereitschaft der Konsumenten unterstrichen wird.[287]

---

[286] Vgl. Hultén, B. ; Browens, N. ; van Dijk, M. (2009), S. 2 f.
[287] Vgl. Süddeutsche.de (Hrsg.), (2013).

7   Fazit und Ausblick

Die Ausführungen zum deutschen LEH haben verdeutlicht, dass sich die Komplexität des Marktes für die Hersteller von Markenartikeln in den letzten Jahren deutlich erhöht hat. Die zunehmende Konzentration auf Handelsseite sowie steigende Rohstoffkosten und die weiterhin wachsende Bedeutung von Handelsmarken haben dazu geführt, dass der Druck auf die Preise von Herstellermarken, welcher im deutschen LEH traditionell hoch ist, weiter zunimmt. Gleichzeitig steigt das Vertrauen der Konsumenten in die Qualität der Handelsmarken, weshalb sie auch in genussorientierten Kategorien als Alternative zu namhaften Markenartikeln anerkannt werden. Verbunden mit der aktiven Suche der Konsumenten nach Abwechslung im Konsum und der stetig wachsenden Menge qualitativ gleichwertiger Produkte führt dies zu einer Situation, in der es den Herstellern von Markenartikeln immer schwerer fällt, Kunden an ihre Produkte zu binden.

Eine weitere Folge der dargestellten Entwicklungen ist, dass Kaufentscheidungen in vielen Fällen erst am POS getroffen werden. Konsumenten treffen ihre Entscheidung dabei entweder basierend auf einer Vorauswahl von Produkten, mit welchen sie bereits positive Erfahrungen gesammelt haben (limitierte Kaufentscheidung), oder lassen sich von äußeren Reizen zum Kauf verleiten (impulsive Kaufentscheidung). Bei beiden Entscheidungsarten spielt wiederum der Faktor „Emotion" eine bedeutsame Rolle. Während Emotionen bei limitierten Entscheidungen als Bestandteil der Einstellung gegenüber einem Produkt in die Vorauswahl mit einfließen, sind sie bei impulsiven Entscheidungen zentral für die Lenkung des Interesses auf ein Produkt zuständig.

Unternehmen können dies als Chance betrachten, um sich über emotionale Markenerlebnisse von der Konkurrenz zu differenzieren und die Aufmerksamkeit der Konsumenten auf ihre Produkte zu lenken. Realisierbar wird dies zum einen durch die Ergänzung von Produkten mit einem emotionalen Zusatznutzen und zum anderen über eine emotional aktivierende Gestaltung von POS Aktivitäten. Dabei gilt, dass sich mit steigender Emotionalität auch die Aufmerksamkeit der Konsumenten erhöht und Informationen besser verarbeitet und erinnert werden. Zudem führt eine positiv empfundene Emotion zu einer verbesserten

Bewertung der Marke, was wiederum die Loyalität sowie die Preisbereitschaft der Konsumenten ansteigen lässt.

Die Ausführungen im Hauptteil dieser Arbeit haben gezeigt, dass Emotionen über Reize aller Sinnesmodalitäten ausgelöst werden können. Insbesondere Gerüche sowie Farben und Musik haben eine besonders starke Wirkung auf den Erregungszustand des Menschen, da sie bereits aus der Ferne wahrgenommen sowie schnell verarbeitet werden. Zudem können sie auch unbewusst emotionalisieren. Allerdings dürfen der Geschmacks- und der Tastsinn nicht vernachlässigt werden, da Konsumenten Reize dieser Modalitäten insbesondere im Lebensmittelmarkt zur Bewertung der Produktqualität hinzuziehen. Darüber hinaus tragen sie zur Differenzierung und Wiedererkennung von Produkten bei.

Werden mehrere Sinne gleichzeitig mit inhaltlich kongruenten Reizen angesprochen, führt dies zu einem Effekt, welcher als „Multisensory Enhancement" bezeichnet wird. Dieser beschreibt einen Zustand erhöhter neuronaler Aktivitäten und kann zu einem bis zu zehnfach verstärkten Erregungszustand des Rezipienten führen (Superadditivität). Es kann daher gefolgert werden, dass eine multisensorische Markenkommunikation zu einer höheren Emotionalität und somit zu einer verbesserten Erinnerung von Botschaften führt, wenn Reize inhaltlich aufeinander abgestimmt sind. Ist dies nicht der Fall, kann es aufgrund der gegenseitigen Einflussnahme von Sinnesreizen (Synästhesie) zu Fehlinterpretationen kommen, wodurch wiederum der Effekt der Superadditivität ausbleibt.

Zur Ansprache der verschiedenen Sinnesmodalitäten bieten sich am POS einige Möglichkeiten, welche zum Teil bereits heute fester Bestandteil der Marketingaktivitäten im LEH sind. Die folgende Abbildung stellt diese unter der Berücksichtigung der erwähnten Gestaltungsmöglichkeiten in Bezug auf die Anzahl der angesprochenen Sinne dar und vergleicht sie bezüglich ihrer Reichweite:[288]

---

[288] Die Reichweite ist ein Schätzwert und ergibt sich zum Teil aus der Verbreitung dieser Maßnahmen im deutschen LEH. (Vgl. Produkt + Markt (Hrsg.) ; UGW Communication (Hrsg.), (2012), S. 22 ff.). Die Produktverpackung hingegen ist ein fester Bestandteil der Ware, weshalb

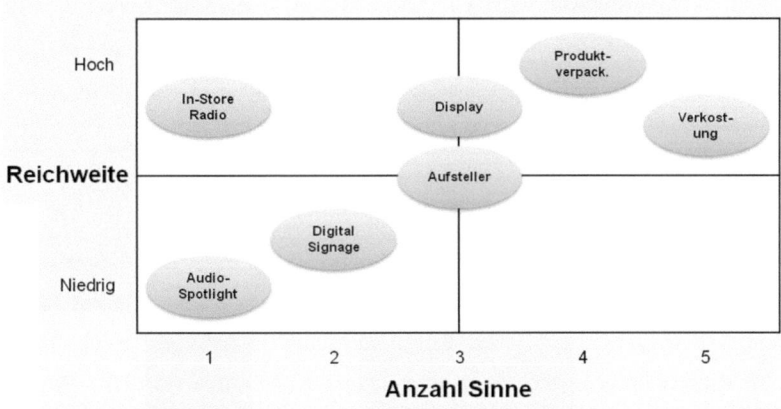

Abb. 13: Vergleich von POS Maßnahmen in Bezug auf Sinnesansprache und Reichweite
Quelle: Eigene Darstellung.

Es zeigt sich, dass neben der Produktverpackung insbesondere Verkostungen, Displays und Aufsteller für eine multisensorische Kommunikation geeignet sind. Dennoch sollten die verbleibenden drei Kommunikationsmittel nicht vernachlässigt werden, da diese zusätzliche Kontaktpunkte darstellen und somit zur Entwicklung einer multisensorischen Markenidentität beitragen können. Ferner ist es möglich, Maßnahmen miteinander zu kombinieren. Denkbar ist unter anderem Displays und Aufsteller unterhalb eines Audio-Spotlights zu platzieren. Dies würde die Anzahl der angesprochenen Sinne auf vier (Sehen, Riechen, Tasten, Hören) erhöhen und somit die Aktivierung der Konsumenten steigern.

Vor einer multisensorischen Kommunikation sollten Unternehmen allerdings ausgiebige Konsumententests durchführen, um herauszufinden, wie die gewünschte Zielgruppe angesprochen werden muss, damit positive Emotionen entstehen, denn auch negative Emotionen lösen eine erhöhte Aktivierung des Gehirns aus und prägen sich zudem intensiv im Gedächtnis des Konsumenten ein, wodurch das Markenbild nachhaltig geschädigt werden kann. Ferner sollten die einzelnen Sinneseindrücke aufgrund synästhetischer Wirkungen aufeinan-

---

davon ausgegangen werden kann, dass diese in allen Märkten, in welchen ein Produkt gelistet ist, Verbreitung findet. Bezüglich der Verbreitung von Audio-Spotlights konnten keine validen Daten gefunden werden, weshalb angenommen wird, dass ihre Verbreitung bisher sehr gering ist. Die räumliche Duftgestaltung wird als fester Bestandteil von Aufstellern, Displays, Verpackungen und Verkostungen behandelt.

der abgestimmt werden, sich klar von sensorischen Reizen der Konkurrenz differenzieren und langfristig genutzt werden, damit sie zum Aufbau von Markenloyalitäten verwendet werden können. In Bezug auf die Differenzierung bleibt jedoch festzuhalten, dass die markenrechtliche Schutzfähigkeit sensorischer Markenelemente stark begrenzt ist, weshalb das Risiko besteht, dass mehrere Unternehmen die gleichen Gestaltungselemente nutzen.

Abschließend bleibt festzuhalten, dass das Thema „Multisensorik" eine wachsende Akzeptanz in Wissenschaft und Industrie erhält.[289] Zahlreiche Veröffentlichungen der vergangenen Jahre haben zunehmend fundierte Erkenntnisse über die Wahrnehmung und Wirkung sensorischer Stimuli geliefert. Darüber hinaus unterstützen Gesellschaften wie „Corporate Senses" oder das „Multisense Institut" die Integration wissenschaftlicher Erkenntnisse in die Unternehmenspraxis mit Beratungsleistungen und Workshops.[290] Die Beispiele im Hauptteil dieser Arbeit haben zudem gezeigt, dass Unternehmen bereits versuchen, die Forschungserkenntnisse in die Markenkommunikation am POS zu integrieren. Das Negativbeispiel eines Schokoladenherstellers, welcher seine Displays mit einem Schokoladenduft beduftet hat, verdeutlicht jedoch eine Problematik, welche es in den nächsten Jahren zu lösen gilt: Die Empfindung, welche durch sensorische Stimuli ausgelöst wird, ist überwiegend subjektiver Natur und abhängig von der konkreten Situation und der Befindlichkeit des Konsumenten.[291] Aktuelle Forschungsprojekte wie etwa die Erforschung einer objektiven Geruchswahrnehmung der Universität Kassel versuchen dies mithilfe neurowissenschaftlicher Verfahren zu lösen.[292] Ergebnisse solcher neurowissenschaftlicher Studien und die Weiterentwicklung aktueller Messverfahren sowie der technologische Fortschritt der POS-Medien können Unternehmen in Zukunft dabei unterstützen, noch spezifischere sensorische Markenerlebnisse zu kommunizieren.[293] Die zukünftige Relevanz einer multisensorischen Markenführung kann abschließend mit einem Zitat von Martin Lindstrom zusammengefasst

---

[289] Vgl. Hultén, B. ; Browens, N. ; van Dijk, M. (2009), S. 1.
[290] Vgl. Corporate Senses (Hrsg.), (o. J.); Multisense Institut (Hrsg.), (o. J.).
[291] Vgl. Hultén, B. ; Browens, N. ; van Dijk, M. (2009), S. 16.
[292] Vgl. Mandel, C. (2012).
[293] Vgl. Warmbier, W. (2008), S. 187.

werden: „If brands want to build and maintain future loyalty, they will have to establish a strategy that appeals to all our senses."[294]

---

[294] Lindstrom, M. (2010), S. 43.

Quellenverzeichnis

Absatzwirtschaft.de (Hrsg.):
Interbrand-Ranking – Aldi als wertvollste deutsche Handelsmarke vor Lidl und Edeka, [20.03.2013], www.absatzwirtschaft.de/content/crm-vertrieb/news/aldi-als-wertvollste-deutsche-handelsmarke-vor-lidl-und-edeka;79497;0 [05.04.2014]

Achilles Gruppe (Hrsg.):
Achilles veredelt. – Produkte, [o. J.], http://www.achilles.de/veredelt/produkte/ [01.03.2014]

Ahlert, Dieter (Hrsg.), Berentzen, Johannes, Ommen, Nils:
Bedeutung der Produktverpackung für die Markenpräferenz im Kontext internationaler Markenführung in der FMCG-Branche, in: IMADI.net-Projektbericht Nr. 17, Münster, 2007

Bartel, Stefanie:
Farben im Webdesign – Symbolik, Farbpsychologie, Gestaltung, Berlin/ Heidelberg, 2003

Bartels, Frank:
Eskimos kennen mehr als 1000 Wörter für Schnee – Kommunikations- und Verhaltensstrategien für Verkäufer, Wiesbaden, 2012

Beck, Henning:
Biologie des Geistesblitzes – Speed up your mind!, Berlin/ Heidelberg, 2013

Behme, Franziska, Clomber, Lisa:
Markenverführung mittels Verkostung am POS, [20.10.2011], www.werbewelpen.de/2011/10/20/markenverfuhrung-mittels-verkostung-am-pos/ [20.03.2014]

Berndt, Marcel:
Preiskampf am Gemüseregal, [22.10.2011], http://www.wiwo.de/unternehmen/handel/lebensmittel-preiskampf-am-gemueseregal/5497850.html [14.03.2014]

Birbaumer, Niels, Schmidt, Robert F.:
Biologische Psychologie, 6., überarb. Aufl., Heidelberg, 2006

Brandpulse AG (Hrsg.):
Eine Marke mit allen Sinne erleben, Newsletter 1 (2012), [22.03.2012],
www.brandpulse.ch/uploads/media/Brandpulse_1_22.03_2012_einzeln.p
df [11.03.2014]

Brück, Mario:
Innovative Lebensmittel – Tops und Flops im Supermarkt, [03.07.2011],
www.wiwo.de/unternehmen/innovative-lebensmittel-tops-und-flops-im-
supermarkt/5155232.html [23.03.2014]

Bruhn, Herbert:
Musik als Repräsentation von vorgestellten Handlungen – Ausdrucksmodelle
und die Wirkung von Musik, in: Bronner, K. ; Hirt, R.: Audio-Branding – Entwicklung, Anwendung, Wirkung akustischer Identitäten in Werbung, Medien und
Gesellschaft, Band 5, 2. Auflage, München, 2007, S. 20 – 31

Bruhn, Manfred:
Handelsmarken – Erscheinungsformen, Potenziale und strategische Stoßrich-
tungen, in: Zentes, J. ; Swoboda, B. ; Morschett, D. ; Schramm-Klein, H.
(Hrsg.): Handbuch Handel, 2., überarb. Auflage, Wiesbaden, 2012, S. 543 –
563

Urhebergesetz (UrhG):
vom 09. September 1965, (BGBl. I S. 1273), idF. vom 01.10.2013, (BGBl. I S.
3728), www.gesetze-im-internet.de/bundesrecht/urhg/gesamt.pdf
[07.03.2014]

Con.pac Systems (Hrsg.):
Aufsteller für den POS, [o. J.], www.conpac-systems.de/aufsteller-fuer-den-
pos/ [09.04.2014]

Corporate Senses (Hrsg.):
Notasensorik, [o. J.], www.corporate-senses.com/notasensorik/ [13.04.2014]

CPM Austria (Hrsg.):
Retail-Marketing: Kunden fallen Kaufentscheidung am Point of Sale,
[15.04.2011], www.pressetext.com/news/20110415005 [07.03.2014]

Crecsenti, Marcelo:
Fast Food vom Lebensmittelhändler: Zu Besuch bei Rewe to Go, [07.05.2011],
www.derhandel.de/news/unternehmen/pages/Lebensmittelhandel-Fast-
Food-vom-Lebensmittelhaendler-Zu-Besuch-bei-Rewe-to-Go-7386.html
[14.02.2014]

Creditreform Rating AG (Hrsg.):
Creditreform Rating-Summary zum Unternehmensrating: Semper idem Underberg GmbH, Neuss, [16.03.2011], http://www.fixed-
income.org/fileadmin/ratings/Semper_Idem_Underberg.pdf [21.03.2014]

Czech-Winkelmann, Susanne:
Der neue Weg zum Kunden – Vom Trade Marketing zum Shopper Marketing,
Frankfurt, 2011

Derouiche, Amin:
Eine kleine Neuroanatomie, in: Reimann, M., Weber, B.: Neuroökonomie,
Wiesbaden, 2011, S.11 – 39

Deutsches Krebsforschungszentrum (Hrsg.):
Lebensmittelzusatzstoffe und Süßstoffe – Gesundheitsschädlich oder harmlos?,
[10.06.2013],
https://www.krebsinformationsdienst.de/vorbeugung/risiken/lebensmittelz
usatzstoffe.php [07.04.2014]

Dräger, Peter:
Einsatz digitaler POS-Medien im Shopper-Marketing, in: Frey, U. D. ; Hunstiger,
G. ; Dräger, P.: Shopper-Marketing, Wiesbaden, 2011, S. 209 – 245

Esch, Franz-Rudolf, Michel, Manuela:
Visuelle Reize in der Kommunikation, in: Bruhn, M. ; Esch, F. E. ; Langner, T.
(Hrsg.): Handbuch Kommunikation, Wiesbaden, 2009, S. 715 – 734

Esch, Franz-Rudolf, Möll, Thorsten:
Ich fühle, also bin ich – Markenemotionen machen den Unterschied, in: Marketing Review St. Gallen, Ausgabe 4, 2009, S. 22 – 26, http://www.esch-
brand.com/wp-
content/uploads/2009/08/1250791150_Ich_fuehle_also_bin_ich2.pdf
[20.04.2014]

Esch, Franz-Rudolf, Gawloski, Dominika, Rühl, Vanessa:
Erlebnisorientierte Kommunikation sinnvoll gestalten und managen, in: Bauer,
H. H. ; Heinrich, D. ; Samak, M. (Hrsg.): Erlebniskommunikation – Erfolgsfakto-
ren für die Praxis, Wiesbaden, 2012, S. 13 – 30

Fassnacht, Martin, Köttschau, Eva, Wriedt, Stefanie:
Preisstrukturpolitik im Lebensmitteleinzelhandel, in: Zentes, J. ; Swoboda, B. ;
Morschett, D. ; Schramm-Klein, H. (Hrsg.): Handbuch Handel – Strategien –
Perspektiven – Internationaler Wettbewerb, 2., überarb. Auflage, Wiesbaden,
2012, S. 565 – 583

Felix, Christian:
Neuromarketing – Ein innovativer Ansatz zur Erklärung des Konsumentenver-
haltens unter Berücksichtigung der Wirkung von Marken, Hamburg, 2008

Fischetti, Mark, Gerl, Bernhard:
Richtlautsprecher – Auf den Punkt gehört – Eng gebündelte Schallsignale könn-
ten Informationen gezielt übertragen, [19.02.2010],
http://www.spektrum.de/alias/richtlautsprecher/auf-den-punkt-
gehoert/1019961 [18.03.2014]

Fringes, Achim:
Brainshopping – Emotionalisierung im Handel, Norderstedt, 2008

Gedenk, Karen:
Verkaufsförderung, München, 2002

Geiger, Klaus:
Hersteller pumpen 90 Prozent Luft in Verpackungen, [05.05.2011],
http://www.welt.de/finanzen/verbraucher/article13349208/Hersteller-
pumpen-90-Prozent-Luft-in-Verpackungen.html [02.03.2013]

GfK (Hrsg.):
PepsiCo – GfK ConsumerScan Presentation Half Year, 17.09.2013

GfK (Hrsg.):
Struktur des deutschen LEH 2003-2013, Eigene Datenerhebung mit dem GfK
SimIT Tool, 22.02.2014

Goldbach Media (Hrsg.):
Wirkungsanalyse COOP Instore Radio – Mondelez Studie für Milka Snax, [2014],
http://www.marketing.ch/Portals/0/Wissen/Marktforschung%20und%20M
%C3%A4rkte/Werbewirkung/Wirkungsanalyse-Instore-Radio-Mondelez-
Milka-Snax.pdf [20.04.2014]

Gröppel-Klein, Andrea:
Point-of-Sale-Marketing, in: Zentes, J., Swoboda, B., Morschett, D., Schramm-
Klein, H. (Hrsg.): Handbuch Handel – Strategien – Perspektiven – Internationa-
ler Wettbewerb, 2., überarb. Auflage, Wiesbaden, 2012, S. 645 – 669

Groves, John:
A short history of sound branding, in: Bronner, K. ; Hirt, R.: Audio-Branding –
Entwicklung, Anwendung, Wirkung akustischer Identitäten in Werbung, Medien
und Gesellschaft, Band 5, 2. Auflage, München, 2007, S. 40 – 51

Groves, John:
„Durch die Notasensorik erlebt das Sound Branding eine völlig neue Dimensi-
on.", [27.11.2009], www.corporate-senses.com/interview-soundbranding/
[28.03.2014]

**Haucap, Justus, Heimeshoff, Ulrich, Klein, Gordon J., Rickert, Dennis,
Wey, Dennis:**
Ordnungspolitische Perspektiven – Wettbewerbsprobleme im Lebensmitteleinzelhandel, [September 2013],
http://www.dice.hhu.de/fileadmin/redaktion/Fakultaeten/Wirtschaftswissen
schaftliche_Fakultaet/DICE/Ordnungspolitische_Perspektiven/048_
OP_Haucap_Heimeshoff_Klein_Rickert_Wey.pdf [12.02.2014]

Haug, Andrea:
Multisensuelle Unternehmenskommunikation – Erfolgreicher Markenaufbau
durch die Ansprache aller Sinne, Wiesbaden, 2012

Häusel, Hans-Georg:
Brain View – Warum Kunden kaufen, 3. Auflage, Freiburg, 2012

Häusel, Hans-Georg:
Methoden der Neuromarketing Forschung, in: Häusel, H. G. (Hrsg.): Neuromarketing – Erkenntnisse der Hirnforschung für Markenführung, Werbung und Verkauf, 3. Auflage, Freiburg, 2014, S. 229 – 242

Hehn, Patrick:
Emotionale Markenführung mit Duft – Duftwirkung auf die Wahrnehmung und Beurteilung von Marken, Göttingen, 2007

Hehn, Patrick, Silberer, Günter:
Wirkung von Duft in der Markenführung, in: Baumgarth, C. ; Schneider, G. K. ; Ceritoglu, B.: Impulse für die Markenforschung und Markenführung, Wiesbaden, 2009, S. 41 – 63.

Heigel, Christoph:
Neuroökonomie – Rational oder Emotional? Das Geheimnis menschlicher Entscheidungen, Saarbrücken, 2010

Heinemann, Gerrit:
SoLoMo – Always-on im Handel – Die soziale, lokale und mobile Zukunft des Shopping, Wiesbaden, 2014

Hohl, Nikolaus A. D., Koch, Anne:
Variety-Seeking – Eine nutzenorientierte Betrachtung des Wechselverhaltens bei Konsumenten, in: Baumgarth, C. ; Boltz, D. M. (Hrsg.): Impulse für die Markenpraxis und Markenforschung – Tagungsband der internationalen Konferenz „Der Markentag 2011", Wiesbaden, 2013, S. 165 – 186

Holbox (Hrsg.):
Displays, [o. J.], www.holbox.nl/de/display-de [12.04.2014]

Hultén, Bertil, Browers, Niklas, van Dijk, Marcus:
Sensory Marketing, Hampshire, 2009

JSP-Produkt Promotion (Hrsg.):
Aktionsbeispiele – Verkostungen, [o. J.], http://jsp-gruppe.de/produkt-promotion/aktionsbeispiele/food/ [20.03.2014]

Kaupp, Michael:
Digital Signage – Technologie, Anwendung, Chancen & Risiken, Hamburg, 2010

Kenning, Peter:
Neuroökonomik, Neuromarketing und Consumer Neuroscience: Eine Standortbestimmung aus der Perspektive der Wissenschaft, in: Häusel, H. G. (Hrsg.): Neuromarketing – Erkenntnisse der Hirnforschung für Markenführung, Werbung und Verkauf, 3. Auflage, Freiburg, 2014, S. 23 – 36

Keuper, Frank, Hannemann, Henrike:
Bedeutung der Produktverpackung für die Kommunikation von Marken am Point of Sale, in: Keuper, F., Kindervater, J., Dertinger, J. ; Heim, A. (Hrsg.): Das Diktat der Markenführung, Wiesbaden, 2009, S. 239 – 261

Kilian, Karsten:
Akustik als klangvolles Element multisensualer Markenkommunikation, in: Bronner, K. ; Hirt, R.: Audio-Branding – Entwicklung, Anwendung, Wirkung akustischer Identitäten in Werbung, Medien und Gesellschaft, Band 5, 2. Auflage, München, 2007, S. 214 – 227

Klapheck (Hrsg.):
Displays, [o. J.], www.klapheck.de/cms/produkte/displays/ [12.04.2014]

Knoblich, Hans, Scharf, Andreas, Schubert, Bernd:
Marketing mit Duft, 4., neu bearbeitete Auflage, München, 2003

Kreutz, Heike:
Ärger über das Etikett: Unklare Abkürzungen und Zutaten, kleine Schrift, [19.02.2014], http://www.aid.de/presse/aktuell.php?mode=beitrag&id=6853 [02.03.2014]

Kröber-Riel, Werner, Gröppel-Klein, Andrea:
Konsumentenverhalten, 10., überarb., aktualisierte und ergänzte Aufl., München, 2013

Lademann, Rainer P.:
Wettbewerbsökonomische Grundlagen des Betriebsformenwettbewerbs im Lebensmitteleinzelhandel, in: Rieckhof, H. C. (Hrsg.): Retail Business – Perspektiven, Strategien, Erfolgsmuster, 3., überarb. und erw. Auflage, Wiesbaden, 2013, S. 3 – 30

Langner, Tobias, Esch, Franz-Rudolf, Kühn, Jochen:
Produktverpackung – das fünfte Element im Marketing-Mix, in: Bruhn, M. ; Esch, F. E. ; Langner, T. (Hrsg.): Handbuch Kommunikation, Wiesbaden, 2009, S. 287 – 308

Lebensmittelkennzeichnungsverordnung (LMKV):
vom 15. Dezember 1999, (BGBl. I S. 2464), idF. vom 25.02.2014, (BGBl. I S. 218), http://www.gesetze-im-internet.de/bundesrecht/lmkv/gesamt.pdf [02.03.2014]

Lebensmittelklarheit.de (Hrsg.):
Getäuscht? – Zutaten, Zusatzstoffe + Imitate, [o. J.], http://www.lebensmittelklarheit.de/cps/rde/xchg/lebensmittelklarheit/hs.xsl /1058.htm [07.04.2014]

Lebensmittelwissen.de (Hrsg.):
Lebensmittellexikon – Umami, [o. J.], http://www.lebensmittelwissen.de/lexikon/u/umami.php [15.02.2014]

Lebensmittelzeitung (Hrsg.):
Top 30 Lebensmittelhandel Deutschland, [März 2013], http://www.lebensmittelzeitung.net/business/daten-fakten/rankings/Top-30-Lebensmittelhandel-Deutschland-2013_371.html?a=1#rankingTable [22.02.2014]

Lebensmittelzeitung (Hrsg.):
Shopper brauchen Entscheidungshilfen, Ausgabe 2, 10.01.2014, S. 33 – 34

Lindstrom, Martin:
Brand Sense – How to build powerful brands through touch, taste, smell, sight & sound, New York, 2005

Lindstrom, Martin:
Buy-ology – Warum wir kaufen, was wir kaufen, Frankfurt, 2009

Lindstrom, Martin:
Brand Sense – Sensory Secrets Behind The Stuff We Buy, Revised and Updated, New York, 2010

Lindstrom, Martin:
Making Sense: Die Macht des multisensorischen Brandings, in: Häusel, H. G. (Hrsg.): Neuromarketing – Erkenntnisse der Hirnforschung für Markenführung, Werbung und Verkauf, 3. Auflage, Freiburg, 2014, S. 183 - 194

Magma Media (Hrsg.):
Magma Media Instore Radio – Last Call2Action, [17.02.2012],
www.invidis.de/wp-content/uploads/2013/02/21022012_Magma-Media-
Standardpräsentation.pdf [09.04.2014]

Mandel, Christine:
Riechen ist Kopfsache: Uni Kassel forscht an objektiver Geruchswahrnehmung,
[21.03.2012], www.idw-online.de/pages/de/news?print=1&id=469002
[13.04.2014]

Meffert, Heribert, Burmann, Christoph, Kirchgeorg, Manfred:
Marketing, Wiesbaden, 2012

MetrixLab (Hrsg.):
Handelsmarkenstudie 2013, [März 2013],
www.lebensmittelzeitung.net/studien/pdfs/560_.pdf [03.03.2014]

Möllering, Kristin:
Neuroökonomie – Ein Gehirn für Wirtschaftswissenschaftler!, [07.03.2012],
http://aware-magazin.ch/2012/03/neurooekonomi/ [19.02.2014]

Müller, Jenny:
Multisensuale Gestaltung der Ladenatmosphäre zur Profilierung von Store
Brands – Ein theoriegeleitetes, experimentelles Design zum Shopperverhalten,
Wiesbaden, 2012

Müller, Wolfgang, Lombardo, Marco:
Verkaufsförderungspolitik im Innovationsmarketing, in: Reihe Forschungspa-
pier, Band 17, Dortmund, 2008

Multisense Institut (Hrsg.):
Veranstaltungen, [o. J.], www.multisense.net/multisensorik-
veranstaltungen/ [13.04.2014]

Nechansky, Hannes:
Von der Brand- zur PoS-Excellence, in: Absatzwirtschaft, 13.03.2012, S. 106 –
108, http://www.absatzwirtschaft.de/content/_p=1004040,an=031213043
[01.03.2014]

Neukirchen, Eva:
US-Kultlabel eröffnet ersten Deutschland-Store, [01.12.2011],
www.wiwo.de/unternehmen/handel/abercrombie-und-fitch-us-kultlabel-eroeffnet-ersten-deutschland-store/5908162.html [11.03.2014]

Noble-pac (Hrsg.):
Leistungen – Veredelung, [o. J.], www.noblepac.de/leistungen/veredelung [10.04.2014]

Nickel, Oliver:
Haptische Reize in der Kommunikation, in: Bruhn, M. ; Esch, F. E. ; Langner, T. (Hrsg.): Handbuch Kommunikation, Wiesbaden, 2009, S. 793 – 818

Nitzko, Sina, Spiller, Achim:
Zielgruppenansätze in der Lebensmittelvermarktung, in: Halfmann, M. (Hrsg.): Zielgruppen im Konsumentenmarketing – Segmentierungsansätze – Trends – Umsetzung, Wiesbaden, 2014, S. 315 – 332

Ogilvy New Zealand (Hrsg.):
All Good Bananas – Listen to your conscience, [28.06.2011], http://youtu.be/cef4DDQ-CEc [07.03.2014]

Peters, Theo, Ghadiri, Argang:
Neuroleadership – Grundlagen, Konzepte, Beispiele – Erkenntnisse der Neurowissenschaften für die Mitarbeiterführung, 2. Auflage, Wiesbaden, 2013

Pompei, Joseph F.:
Spotlight of Sound, in: Sound & Communications, Jahrgang 55, Ausgabe 7, Juli 2009, S. 54 – 57 & 68, http://www.soundandcommunications.com/downloads/PDF/S&C-2009-07-pgs001-076.pdf [09.02.2014]

Pro Carton (Hrsg.):
Verkaufsfördernd verpacken: sinnvoll und sinnlich – Wie relevant ist die Verpackung im Regal für die Kaufentscheidung? Funktionelle, sensorische und materielle Aspekte – Ergebnisse einer Marktforschungsstudie der Information Resources, Inc., [März 2006], http://www.inspiration-verpackung.de/assets/A-PDF-Downloads-Bihler/ShopperBroschreVerkaufsfrdernd-verpacken100522.pdf [12.03.2014]

Produkt + Markt (Hrsg.), UGW Communication (Hrsg.):
Scan – Shoppermarketing Channel Analysis, Wallenhorst/ Wiesbaden, 2012

Raab, Gerhard, Gernsheimer, Oliver, Schindler, Maik:
Neuromarketing – Grundlagen – Erkenntnisse – Anwendungen, Wiesbaden, 2009

Radio P.O.S. (Hrsg.):
Instore Radio, [o. J.], www.radio-pos.de/instore-radio/ [06.03.2014]

Reisyan, Garo D.:
Neuro-Organisationskultur – Moderne Führung orientiert an Hirn- und Emotionsforschung, Köln, 2013

Rempel, Jan Eric:
Olfaktorische Reize in der Markenkommunikation, Wiesbaden, 2006

Rothgangel, Simone:
Kurzlehrbuch Medizinische Psychologie und Soziologie, 2., überarbeitete Auflage, Stuttgart, 2010

Rühl, Florian:
<Einsatzmöglichkeiten von Augemented Reality im LEH>, Persönliches Gespräch, [05.02.2014]

Salzmann, Ralph:
Multimodale Erlebnisvermittlung am Point of Sale – Eine verhaltenswissenschaftliche Analyse unter besonderer Berücksichtigung von Musik und Duft, Wiesbaden, 2007

Schlegl, Sandra:
Nonverbale Einstellungsmessung: Nutzen für das verhaltenswissenschaftliche Markencontrolling, Wiesbaden, 2011

Schilke, Oliver, Reimann, Martin:
Neuroökomomie: Grundverständnis, Methoden und betriebswirtschaftliche Anwendungsfelder, in: Journal für Betriebswirtschaft, 57. Jahrgang, Heft 3 – 4, 20.11.2007, S. 247 – 262,
http://www.oliverschilke.com/upload/pdf/Schilke_Reimann._Neurokonomie.pdf [14.04.2014]

Schubert International (Hrsg.):
Scentific – eine dufte Sache, [o. J.], http://schubert-international.com/scentific.html [07.04.2014]

Semper idem Underberg GmbH (Hrsg.):
Die Nr. 1 in der Portionsflasche, [o. J.], https://www.underberg.com/de/der-rheinberger-kraeuter/portionsflasche.html [21.03.2014]

Soffritti, Morando, Belpoggi, Fiorella, Tibaldi, Eva, Esposti, Davide D., Lauriola, Michelina:
Life-Span Exposure to Low Doses of Aspartame Beginning during Prenatal Life Increases Cancer Effects in Rats, in: Environmental Health Perspectives, Vol. 115, Number 9, September 2007, S. 1293 – 1297, http://www.ncbi.nlm.nih.gov/pubmed/17805418 [10.04.2014]

Solomon, Michael R.:
Konsumentenverhalten, München, 2013

Spot Display (Hrsg.):
Präsentationsdisplays: Großaufsteller, [o. J.], http://www.spot.de/display/praesentationsdisplays/grossaufsteller.html [15.04.2014]

Springer, Christiane:
Multisensuale Markenführung – Eine verhaltenswissenschaftliche Analyse unter besonderer Berücksichtigung von Brand Lands in der Automobilwirtschaft, Wiesbaden, 2008

Springer Gabler Verlag (Hrsg.):
Gabler Wirtschaftslexikon, Stichwort: Handelsmarke, [o. J.], http://wirtschaftslexikon.gabler.de/Archiv/5537/handelsmarke-v1.html [23.02.2014]

Statista (Hrsg.):
Welche der folgenden Kriterien sind Ihnen beim Kauf von Lebensmitteln wichtig?, Befragung durch Ipsos, [November 2008], http://de.statista.com/statistik/daten/studie/38134/umfrage/lebensmittel---kriterien-fuer-kaufentscheidung/ [17.02.2014]

Steiner, Paul:
Sound Branding – Grundlagen der akustischen Markenführung, Wiesbaden, 2009

Steiner, Paul:
Sensory Branding – Grundlagen multisensualer Markenführung, Wiesbaden, 2011

Schörner, Thomas:
Augmented Reality mit Layar, Yelp und Wikitude – Stadtleben mit Untertiteln, 16.08.2013, www.manager-magazin.de/lifestyle/hardware/augmented-reality-staedtetrip-mit-layar-yelp-und-wikitude-a-916470-2.html [04.03.2014]

Stiftung Warentest (Hrsg.):
Marken nicht besser – Discounter gegen Marken, in: Test, o. Jg. (2011), Heft 11, S. 11 – 28, http://www.test.de/Discounter-gegen-Marken-Aldi-und-Co-stechen-Markenware-aus-4293776-0/ [20.02.2014]

Stoll, Marco, Hubert, Mirja, Kenning, Peter, Ahlert, Dieter:
Consumer Neuroscience und Neuromarketing – der Blick ins Kundenhirn, in: Marketing Review St. Gallen, 25. Jahrgang, Heft 6, Juni 2008, S. 34 – 37, http://link.springer.com/article/10.1007%2Fs11621-008-0105-z [14.03.2014]

Süddeutsche.de (Hrsg.):
Kaffeehauskette Starbucks – Erfolg mit dem Sieben-Dollar-Kaffee, [25.01.2013], www.sueddeutsche.de/wirtschaft/kaffeehauskette-starbucks-erfolg-mit-dem-sieben-dollar-kaffee-1.1582792 [11.03.2014]

Traufetter, Gerald:
Luft als Lautsprecher, in Spiegel, Ausgabe 35/ 2003, 25.08.2003, S. 80 – 81, http://www.spiegel.de/spiegel/print/d-28415146.html [09.02.2014]

Tischner, Markus:
Digital Signage und berührungslose Interaktion, in: Professional System, Ausgabe 1, 2010, http://www.vertigo-systems.de/fileadmin/content/content_news/0110_professional-system.pdf [14.04.2014]

Trommsdorff, Volker:
Konsumentenverhalten, 7., überarb. und erw. Auflage, Suttgart, 2009.

Verpackungsverordnung (VerpackV):
vom 21. August 1998, (BGBl. I S. 2379), idF. vom 24. Februar 2012 (BGBl. I S. 212), http://www.gesetze-im-internet.de/bundesrecht/verpackv_1998/gesamt.pdf [02.03.2014]

Walsh, Gianfranco, Hille, Patrick, Dose, David, Brach, Simon:
Neue Formen der Handelswerbung, in: Zentes, J. ; Swoboda, B. ; Morschett, D. ; Schramm-Klein, H. (Hrsg.): Handbuch Handel, 2., überarb. Auflage, Wiesbaden, 2012, S. 695 – 717

Warmbier, Werner:
Der programmierte Kunde – Neuromarketing – Frontalangriff auf unsere Sinne, Berlin, 2008

Weise, Carola:
Hersteller- und Handelsmarken im Kaufentscheidungsprozess, Wiesbaden, 2008

Weitzl, Wolfgang:
POP Display als wichtiges Kommunikationsmittel am Point of Sale, [o. J.], www.marketmentor.at/wissensbasis/127-pop-displays.html [12.04.2014]

Zühlsdorf, Anke, Spiller, Achim:
Trends in der Lebensmittelvermarktung – Begleitforschung zum Internetportal lebensmittelklarheit.de: Marketingtheoretische Einordnung praktischer Erscheinungsformen und verbraucherpolitische Bewertung, Göttingen, [Januar 2012], http://www.vzbv.de/cps/rde/xbcr/vzbv/Lebensmittelvermarktung_Marktstudie_2012.pdf [15.03.2014]

Anhang

Anhang 1: Gesprächsnotiz Telefoninterview

Gesprächspartner: Anonym

Datum: 05.02.2014

Ort: Neu-Isenburg

Au: Wie funktioniert Augmented Reality genau?

Gesprächspartner: Zunächst benötigt der Konsument einen sogenannten QR Code Reader auf seinem mobilen Endgerät. Ein solcher kann auf allen gängigen Smartphones installiert werden und ist in allen App Stores verfügbar. Hat der Konsument einen solchen Reader auf seinem Mobiltelefon, kann er mithilfe seiner Handykamera QR Codes scannen. Durch einen solchen scan werden Daten, welche in einer speziellen Datenbank hinterlegt sind, auf das Mobiltelefon transferiert. Die Daten können allerdings nicht nur über den Scan eines Codes übermittelt werden, sondern auch über das Etikett selbst. Dazu muss es lediglich auf einer Bilddatenbank hinterlegt werden.

Au: Welche Inhalte können über Augmented Reality kommunziert werden?

Gesprächspartner: Die Inhalte, welche hinterlegt werden können, sind vielfältig. Es können einfache Fotos sein, aber auch Videos oder 3-D Modelle. Häufig werden auch bekannte Musikstücke hinterlegt.

Au: Welche Kosten kommen auf Unternehmen zu, die Augmented Reality in ihrer Kommunikation einsetzen wollen?

Gesprächspartner: Die Kosten sind relativ gering, da für die Implementierung nicht mehr benötigt wird als eine auf den Hersteller angepasste, standardisierte App und ein für Smartphone Displays aufbereiteter Content. Möchte man etwa eine App für ein Produkt programmieren, belaufen sich die Kosten samt Hinterlegung des Contents auf ca. 5.000-8.000 €. Weitere laufende Kosten kommen in der Regel nicht dazu. Die Kosten für die Aufbereitung des Contents können jedoch nicht pauschalisiert werden, da es dabei immer auf die Komplexität ankommt. Einzelne Bilder und Audiospuren sind vergleichsweise günstig und sollten, inklusive der Rechte, nicht mehr als einige Hundert Euro kosten. 3-D Modelle und Videos können allerdings bereits einige Tausend Euro kosten. Auch hier kommt es jedoch wieder auf die spezifischen Vorstellungen des werbenden Unternehmens an. Generell kann gesagt werden, dass mit steigenden Anforderungen an die Qualität des Contents auch die Kosten für diesen steigen, da sie dann von spezialisierten Agenturen aufbereitet werden müssen.

Anhang 2: Beispielhafte Duftliste Schubert International

SCENTIFIC **Duftliste**

Blumen				
Aloe	Geissblatt	Lavendel	Mohnblüte	Rapsblüte
Blumen	Geranie	Lilie	Narzisse	Rose
Flieder	Heublume	Lindenblüte	Nelke	Sonnenblume
Freesie	Holunder	Lotus	Oleander	Tulpe
Frühlingswiese	Hyazinthe	Lupine	Orchidee	Veilchen
Fuchsie	Iris	Magnolie	Petunie	
Gardenie	Jasmin	Maiglöckchen	Phlox	

Früchte & Gemüse				
Ananas	Feige	Kirsche	Maracuja	Preiselbeere
Apfel	Fenchel	Kiwi	Melone	Quitte
Aprikose	Granatapfel	Kohlrabi	Orange	Schnittlauch
Banane	Grapefruit	Kokos	Papaya	Sellerie
Bergamotte	Guave	Kürbis	Paprika	Tomate
Birne	Gurke	Kumquats	Pepperoni	Trüffel
Brombeere	Haselnuss	Lauch	Pfirsich	Waldbeere
Cranberry	Heidelbeere	Limette	Pflaume	Walnuss
Erbse	Himbeere	Mandarine	Pilze	Weintraube
Erdbeere	Johannisbeere	Mandel	Pistazie	Zitrone
Erdnuss	Karotte	Mango	Physalis	

Gewürze & Kräuter				
Anis	Dill	Knoblauch	Muskatnuss	Salbei
Bärlauch	Essig	Koriander	Nelke	Sesam
Baldrian	Estragon	Kreuzkümmel	Oregano	Thymian
Basilikum	Eukalyptus	Kümmel	Petersilie	Vanille
Beifuss	Ingwer	Liebstöckel	Pfeffer	Wacholder
Bohnenkraut	Johanniskraut	Lorbeer	Pfefferminze	Zimt
Chili	Kamille	Majoran	Rosmarin	Zitronenmelisse
Curry	Kardamom	Menthol	Safran	Zwiebel

Hölzer				
Akazie	Herbstlaub	Kiefernadel	Tanne	Zirbelkiefer
Birke	Holz	Kork	Tannennadel	Zypresse
Eichenholz	Kaminholz	Sandelholz	Waldboden	
Fichte	Kiefer	Schwarzkiefer	Zeder	

Verschiedenes				
Advent	Cola	Hustenbalsam	Milchreis	Sonnenmilch
Alkohol. Getränke	Erdnussbutter	Kaffee	Moschus	Stollen
Amaretto	Espresso	Kakao	Neroli	Suppe (div.)
Amber	Fisch	Karamell	Neuwagen	Tabak
Babylotion	Gartenerde	Käse	Negative Gerüche	Tankstelle
Benzin	Gasgeruch	Kaugummi	Pferdestall	Tee grün
Bier	Gebäck	Kuchen (div.)	Pizza	Tee schwarz
Brandgeruch	Glühwein	Lakritze	Popcorn	Tutti Frutti
Bratapfel	Gras	Lebkuchen	Geräuchertes	Waldmeister
Brathähnchen	Gummi	Leder	Salami	Weihrauch
Brot	Gummibärchen	Limonade	Schokolade (div.)	Wasch-/Putzmittel
Butter	Honig	Marzipan	Schwefel	Zahnarzt
Cappuccino	Hopfen	Meeresbrise	Seife	